太陽の心で

忘れ得ぬ旅

第7巻

池田大作

潮出版社

目次

装幀・本文デザイン
金田一亜弥
高畠なつみ（金田一デザイン）
写真
聖教新聞社

オランダ

挑戦《ちょうせん》の風薫《かぜかお》る　生命《せいめい》の宮殿《きゅうでん》

（二〇一五年八月号）

挑戦の
　風を薫らせ
　　今日《きょう》もまた
　風車《ふうしゃ》のごとく
　　希望《きぼう》へ回転《かいてん》

行動《こうどう》を起《お》こせば、そこに風が生《う》まれます。

一日一日、自分《じぶん》らしく何《なに》かに挑戦する。昨日《きのう》から今日、今日から明日《あした》へと、たゆまずに前進《ぜんしん》していく生命からは、爽《さわ》やかな充実《じゅうじつ》の風が広《ひろ》がります。それは、風車が勢《いきお》いよく回《まわ》るように、自身《じしん》にも、周囲《しゅうい》にも、希望への回転をもたらしていくのではないでしょうか。

オランダの笑顔の友、可愛い子どもたちから花束の歓迎（1983年6月）

人情味《にんじょうみ》あふれるオランダの人《ひと》たちには、生《い》き生きとした挑戦の心《こころ》が宿《やど》っています。

私が初《はじ》めてオランダを訪《おとず》れたのは、一九六一年の秋《あき》十月でした。

オランダには、まるで〝おとぎの国《くに》〟のようなロマンがあります。幾筋《いくすじ》も流《なが》れる運河《うんが》を船《ふね》で行けば風情《ふぜい》ある橋《はし》が架《か》かり、街《まち》を歩《ある》けば美《うつく》しいレンガ造《づく》りの建物《たてもの》が並《なら》んでいます。そして至《いた》る所《ところ》に、国花《こっか》のチューリップをはじめ、多彩《たさい》な花《はな》また花が飾《かざ》られているのです。

この豊《ゆた》かな大地《だいち》も、実《じつ》は、人々の幾《いく》百年にもわたる忍耐強《にんたいづよ》い挑戦によって創《つく》り出《だ》されてきました。

オランダの国名《こくめい》「ネーデルラント」は「低《ひく》い土地《とち》」という意味《いみ》です。国土《こくど》の約《やく》四分《ぶん》の一は海抜《かいばつ》ゼロメートル以下《いか》、すなわち〝海面《かいめん》より下《した》〟にあるため、昔《むかし》から、度重《たびかさ》なる洪水《こうずい》や浸水《しんすい》に見舞《みま》われてきました。そのなかで、人々が、堤防《ていぼう》を築《きず》き、干拓《かんたく》を進《すす》め、「土地自体《じたい》の改良《かいりょう》」に挑《いど》んだことが繁栄《はんえい》の源《みなもと》になったと、オランダの歴史家《れきしか》ホイジンガは誇《ほこ》り高《たか》く記《しる》しています。[※1]

首都《しゅと》アムステルダムは、アムステル川《がわ》にダム（堤防）を築いて造られました。また、ロッテ川にダムを築いてできたのが第二の都市《とし》ロッテルダムです。

オランダのシンボルである風車の多《おお》くも、もともとは干拓のためのものです。北海《ほっかい》から吹《ふ》く風を力《ちから》に変《か》えて、排水《はいすい》に利用《りよう》しました。

整備《せいび》された運河は、交通《こうつう》・輸送《ゆそう》の動脈《どうみゃく》として重要《じゅうよう》な役割《やくわり》を果《は》たしていきます。不屈《ふくつ》の挑戦で磨《みが》かれた知恵《ちえ》は、自然《しぜん》の脅威《きょうい》さえも、たくましく繁栄のエネルギーへと転《てん》じてきたのです。

オランダ出身《しゅっしん》の画家《がか》ゴッホは綴《つづ》っています。

「前進せよ――失敗《しっぱい》したって、何かまうものか――失敗したら、もう一度《いちど》やり直《なお》すまでだ。精力的《せいりょくてき》にやり続《つづ》けることが必要《ひつよう》だ――元気《げんき》を一新《いっしん》させて」[※2]と。

彼《かれ》は、「何ごとにも挑む勇気《ゆうき》」[※3]を燃《も》やして、耕《たがや》す人、種蒔《たねま》く人、刈《か》る人、洗濯《せんたく》する人など、けなげに働《はたら》く民衆《みんしゅう》の姿《すがた》を描《えが》きました。

真《しん》に尊《とうと》いものは、庶民《しょみん》の地道《じみち》な努力《どりょく》のなかに光《ひか》る。日々《ひび》、新《あら》たな元気で織《お》り成《な》していく暮《く》らしにこそ、人生《じんせい》の名画《めいが》があることを教《おし》えてくれるようです。

荒波《あらなみ》へ
　勇気を胸《むね》に
　　船出《ふなで》かな
　　　絆《きずな》も固《かた》く
　　　　勝利《しょうり》の港《みなと》へ

「この世界《せかい》はすべての人間《にんげん》に共通《きょうつう》の祖国《そこく》ではありませんか」※4とは、ロッテルダムに生まれた大思想家《だいしそうか》エラスムスの呼《よ》びかけです。ここには、心を大《おお》きく開《ひら》けという平和《へいわ》のメッセージが感《かん》じられます。

私は、世界と結《むす》ばれたアムステルダムの港の埠頭《ふとう》に立《た》った感動《かんどう》を、今《いま》もよく覚《おぼ》えています。

海洋国《かいようこく》オランダの人々は勇《いさ》んで大海原《おおうなばら》へ船出し、世界の貿易《ぼうえき》の中心《ちゅうしん》となってきました。

世界との交流《こうりゅう》や船での共同生活《きょうどうせいかつ》などを通《とお》し、オランダには、立場《たちば》を超《こ》えて協力《きょうりょく》し合《あ》う、自《じ》

オランダを象徴する風車小屋のもとで、
友との語らいが弾む（1973年5月）

由《ゆう》と寛容《かんよう》の気風《きふう》が育《はぐく》まれたともいわれます。

大国《たいこく》の束縛《そくばく》と戦《たたか》い、自由と独立《どくりつ》を勝《か》ち取《と》り、オランダの十七世紀《せいき》は、偉大《いだい》な文化《ぶんか》が創造《そうぞう》された「黄金《おうごん》の世紀」となります。

その幕《まく》が開《あ》けようとする時《とき》（一六〇〇年）に、エラスムスの像《ぞう》を船尾《せんび》に掲《かか》げたオランダ船《せん》「リーフデ（慈愛《じあい》）号《ごう》」（旧名《きゅうめい》・エラスムス号）が大分《おおいた》に漂着《ひょうちゃく》し、日本との交流が始《はじ》まったのです。長崎《ながさき》の出島《でじま》に開設《かいせつ》されたオランダ商館《しょうかん》は、鎖国《さこく》で閉《と》ざされた日本にとって、西欧《せいおう》世界への貴重《きちょう》な窓《まど》でした。オランダは、多くの文化を伝《つた》え、近代化《きんだいか》への風を贈《おく》ってくれた恩人《おんじん》の国です。

第二次《だいにじ》世界大戦中《たいせんちゅう》、オランダの市民《しみん》が、ナチスのユダヤ人迫害《はくがい》に抵抗《ていこう》し、避難《ひなん》するユダヤ人を受《う》け入《い》れ、守《まも》った歴史も、私は胸を熱《あつ》くして伺《うかが》いました。

有名《ゆうめい》なアンネ・フランクの一家《いっか》も、隣国《りんごく》ドイツからアムステルダムに逃《のが》れ、秘密警察《ひみつけいさつ》に見《み》つかるまでの二年間を生《い》き抜《ぬ》きました。

アンネは、日記《にっき》に書《か》き記《しる》しています。

「澄《す》みきった良心《りょうしん》はひとを強くする」※5と。

その良心は、ユダヤの人々に、また、連帯《れんたい》するオランダの人々に燦然《さんぜん》と輝《かがや》いていたのです。

私は、オランダの友《とも》と語《かた》り合いました。

――生命尊厳《そんげん》の信念《しんねん》に立って、世界の人々がもっともっと仲良《なかよ》くしていける時代《じだい》を創ろう、絶対《ぜったい》の平和を確立《かくりつ》していこう、と。

そして、世界市民の心で、友情《ゆうじょう》の太陽《たいよう》を輝かせゆくことを約《やく》し合ったのです。

恐《おそ》れなく
断《だん》じて守らむ
共々《ともども》に
母子《ははこ》の平和と
笑顔《えがお》の未来《みらい》を

一九六七年五月に訪れたオランダでは、日本から派遣《はけん》されてホテルで働いていた旧友《きゅうゆう》と再会《さいかい》しました。聞《き》くと、数日前《すうじつまえ》に職場《しょくば》でのトラブルで失業《しつぎょう》してしまったというのです。

私は、決《けっ》して弱気《よわき》にならず、再《ふたた》び勇気を出して挑戦しようと、エールを送《おく》りました。

旧友は、どこよりも大好《だいす》きなオランダの天地《てんち》で、愛《あい》するオランダの友のために尽《つ》くす人生をと決意《けつい》しました。そして、観光客《かんこうきゃく》の通訳兼《つうやくけん》ガイドをはじめ、様々《さまざま》な仕事《しごと》に挑んでいきます。それぞれの職場で信頼《しんらい》を広げながら、夫人《ふじん》と共に社会《しゃかい》に根《ね》を張《は》っていきました。

時には、先《さき》の見えない暗《くら》い夜《よる》もあったことでしょう。

アムステルダムで活躍《かつやく》した大画家レンブラントの銅版画《どうばんが》の下には、こう書かれていたといいます。「夜ふけて燈火はひときわ光り輝く」[※6]と。

夫妻《ふさい》は、負《ま》けじ魂《だましい》の火《ひ》を燃え上がらせて奮闘《ふんとう》しました。やがて、あのホテル失業から二十年ほど後、アムステルダムの観光の要衝《ようしょう》で、ホテルを経営《けいえい》するまでに境涯《きょうがい》を革命《かくめい》したのです。

お子《こ》さん方《がた》も、父母《ちちはは》の挑戦の心を見事《みごと》に受《う》け継《つ》いでおり、頼《たの》もしい限《かぎ》りです。

一九七三年五月、アムステルダムの空港《くうこう》での待《ま》ち時間《じかん》に、オランダの友たちと、近《ちか》くの風車小屋《ごや》のある公園《こうえん》で懇談《こんだん》したことも忘《わす》れ得《え》ぬ一時《ひととき》です。仕事や病気《びょうき》など、一人《ひとり》一人が課《か》題《だい》を抱《かか》えながらも、前《まえ》を向《む》いて進んでいました。

私たちは確認《かくにん》し合いました。

――人間は、悩《なや》みとの戦いのなかで成長《せいちょう》し、本当《ほんとう》の幸福《こうふく》を開いていける。だからこそ、困難《こんなん》に負けない自分自身を創ろう、と。

その十年後、友人《ゆうじん》たちは、素晴《すば》らしい人生の幸福と勝利と友情のスクラムを築いて迎《むか》えてくれました。

交歓会《こうかんかい》では、美しい民族《みんぞく》衣装《いしょう》と名物《めいぶつ》の木靴《きぐつ》を身《み》につけた友が、豊作《ほうさく》を祝《いわ》う伝統《でんとう》のダンスを披露《ひろう》してくれました。「ヤッホホ」「ヤッホホ」との朗《ほが》らかな掛《か》け声《ごえ》と、軽《かろ》やかな踊《おど》りです。心に染《し》み入《い》るギターの音色《ねいろ》で、日本の曲《きょく》「さくらさくら」を弾《ひ》いてくれた友もいました。

また、様々な行事《ぎょうじ》を、人知《し》れず、陰《かげ》で支《ささ》えてくれていた役員《やくいん》の若《わか》き友たちも、皆《みな》、さらに立派《りっぱ》に成長し、凛々《りり》しく社会で活躍している様子《ようす》を、嬉《うれ》しく伺《うかが》っています。

見るもよし
　見ざるもよしと
　　人のため
　尽くせし労苦《ろうく》は
不滅《ふめつ》の財《たから》と

青空が大きく広がるアムステルダムの街。
オランダには宮殿のような気品ある建物が多く立つ（著者撮影）

ハーグは、世界的な平和の都《みやこ》です。

一八九九年、史上初《しじょうはつ》の国際《こくさい》平和会議《かいぎ》は、この地《ち》で開催《かいさい》されました。第一次世界大戦中の一九一五年には、オランダ初の女性医師《じょせいいし》で婦人参政権獲得運動《ふじんさんせいけんかくとくうんどう》の指導者《しどうしゃ》ヤコブスらの呼びかけで、平和を求《もと》める国際女性会議が行《おこな》われています。中立国《ちゅうりつこく》と、戦争《せんそう》している双方《そうほう》の国からも女性が参加《さんか》し、平和への活動《かつどう》を決議《けつぎ》したのです。

私は、一九八三年、ハーグにある豊かな緑《みどり》に包《つつ》まれた白亜《はくあ》の首相公邸《しゅしょうこうてい》を表《ひょう》敬訪問《けいほうもん》しました。

首相のルベルス氏《し》に青年《せいねん》への期待《きたい》を尋《たず》ねると、即座《そくざ》に「挑戦」「親切《しんせつ》」「統《とう》合《ごう》」の三点《てん》を挙《あ》げられました。

また、氏が強調《きょうちょう》されていたのが、多様性《たようせい》こそ財産《ざいさん》であるということです。「寛容の精神《せいしん》」で、異《こと》なる者同士《ものどうし》が、お互《たが》いの人権《じんけん》を大切《たいせつ》にし、尊敬《そんけい》し合い、学《まな》び合うなかに、大きな価値《かち》を創造していけるからです。

オランダの友人たちも、平和、人権、文化、環境《かんきょう》など幅広《はばひろ》い分野《ぶんや》で奮闘《ふんとう》しています。

試練《しれん》にも
負けない強さを
翼《つばさ》とし
心の自由の
空《そら》へ羽《は》ばたけ

オランダの哲学者《てつがくしゃ》スピノザは、「実に平和とは戦争の欠如《けつじょ》ではなくて、精神の力から生《しょう》ずる徳《とく》※7」と喝破《かっぱ》しました。

平和の実像《じつぞう》は、人間が、自身の精神を高め、精神の連帯を広げていくなかにあると言《い》ってよいでしょう。

私の妻《つま》の友人は、ハーグの平和宮《へいわきゅう》での地球憲章《ちきゅうけんしょう》会議にも参加するなど、女性の平和の連帯を広げる先頭《せんとう》に立ってきました。

彼女《かのじょ》が青春《せいしゅん》時代に得た宝《たから》は「心の自由」です。それは、現実《げんじつ》の悪戦苦闘《あくせんくとう》から解放《かいほう》されることではありません。むしろ、苦難《くなん》に立ち向かっていく強さのことです。

その強さを自身のなかから引《ひ》き出《だ》しながら、「自分が変われば周囲も社会も変えていける」との人間革命の哲学を実践《じっせん》してきたのです。

仏典《ぶってん》には「自身の宮殿に入る」という言葉があります。何ものにも負けない、何ものにも壊《こわ》されない、無限《むげん》の力を秘《ひ》めた宮殿は、どこか外にあるのではなく、自分自身の生命にこそあります。

人のため、社会のため、平和のために行動していく。その挑戦によって、わが生命の宮殿は開かれ、力を発揮《はっき》し、強く幸福に輝いていきます。それは、自分だけではなく、縁《えん》する友の生命の宮殿も開いていくのではないでしょうか。

オランダ独立の父・オラニエ公《こう》ウィレムは、良《よ》き人民《じんみん》を守る指導者として、「わたしは堅持《けんじ》する」[※8]との有名な誓《ちか》いを残《のこ》しています。

かつてオランダで出会《であ》った青年たちは、良き市民として、愛する祖国の繁栄に貢献《こうけん》しゆく誓いに燃えていました。その誓いは今の青年たちにも堅持され、皆、自分の使命《しめい》の職場で地域《ちいき》で、素晴らしい貢献をしています。

わが誓いを堅持する。挑戦を続ける。そして、一人一人の生命の宮殿を輝かせていく。
そこに、崩《くず》れざる幸《さち》と平和の都を広げゆく道《みち》があると、私は確信《かくしん》してやみません。

わが生命
無限《むげん》の力の
宮殿を
開き　打ち勝て
いかなる嵐《あらし》も

佐《さ》賀《が》

栄《さか》えの国《くに》に　春《はる》が来《き》た

冬《ふゆ》を越《こ》え
あなたの笑顔《えがお》が
おひなさま
負《ま》けない心《こころ》に
春は来たれり

春は来ます。
冬の試練《しれん》に負けない女性《じょせい》のもとに！
春は来ます。
賢明《けんめい》な女性が皆《みな》の笑顔を広《ひろ》げるところに！

（二〇一六年三月号）

「佐賀《さが》」――二文字《もじ》にして余情《よじょう》あふれる地名《ちめい》には、いくつかの由来《ゆらい》が説《と》かれます。その一《ひと》つとして、いにしえ、この天地《てんち》に「賢女《さかしめ》」が安穏《あんのん》をもたらし、「賢女の郡《こおり》」と呼《よ》ばれたというロマン薫《かお》る説話《せつわ》があります。

二月から三月には、「佐賀城下《じょうか》ひなまつり」が開《ひら》かれ、伝統《でんとう》の佐賀錦《にしき》の雛人形《ひなにんぎょう》なども各《かく》地《ち》で飾《かざ》られます。「賢女の都《みやこ》・佐賀」に、皆の祈《いの》りに包《つつ》まれながら、福智《ふくち》光《ひか》る乙女《おとめ》たちが健《すこ》やかに成長《せいちょう》しゆく春が到来《とうらい》します。

佐賀の友《とも》と再会《さいかい》の喜《よろこ》びを込《こ》めて、唱歌《しょうか》「春が来た」を一緒《いっしょ》に歌《うた》ったことも思《おも》い出《だ》されます。

栄えの郷土、栄えの人生を！　佐賀の友と和やかな語らい（1990年9月、佐賀市）

明朗《めいろう》な賢女は、庶民《しょみん》の大地《だいち》に躍動《やくどう》しています。

国民的《こくみんてき》人気《にんき》の「サザエさん」の作者《さくしゃ》である漫《まん》画家《がか》の長谷川町子《はせがわまちこ》さん（多久市《たくし》生《う》まれ）は、「母《はは》として、主婦《しゅふ》として、また隣人《りんじん》として、常《つね》に温《あたた》かく誠実《せいじつ》な一人《ひとり》の女性があるとしたら」[※1]と言《い》われ、こう結論《けつろん》されました。

「その人《ひと》こそ、世《よ》の中《なか》を善《よ》くする大《おお》きな原動力《げんどうりょく》であると思います」※2と。

筑後川《ちくごがわ》のほとりのみやき町《ちょう》に、私の妻《つま》の知人《ちじん》で、「がばい（すごい）おばっちゃん」と地域《ちいき》の皆から慕《した》われる女性がいます。

早《はや》くに夫君《ふくん》を亡《な》くされ、家業《かぎょう》の乳母車《うばぐるま》づくりを継《つ》ぎました。一週間《しゅうかん》の手作業《てさぎょう》で一台《だい》を完成《かんせい》させる仕事《しごと》と、三人《にん》の子育《こそだ》てへの挑戦《ちょうせん》が始《はじ》まったのです。お子さんの病気《びょうき》や借金《しゃっきん》などの試練も、「金《きん》はドブの中に落《お》ちても金」という負けじ魂《だましい》で乗り越えました。そして、まもなく百歳《さい》を迎《むか》えられる今日《こんにち》まで、多《おお》くの悩《なや》める友を励《はげ》ましてきた〝黄金《おうごん》の賢女〟と輝《かがや》いています。

先駆《せんく》して
　苦難《くなん》に挑《いど》まむ
　　佐賀魂
　道《みち》を開きて
　　皆で勝利《しょうり》を

歴史《れきし》をさかのぼれば、佐賀は農業《のうぎょう》においても道を開いてきた誉《ほま》れの地です。

菜畑遺跡《なばたけいせき》の調査《ちょうさ》から、佐賀が、縄文時代晩期《じょうもんじだいばんき》、日本の稲作《いなさく》の発祥地《はっしょうち》だといわれます。そして、日本の原風景《げんふうけい》のような棚田《たなだ》も守《まも》られています。海《うみ》を望《のぞ》む玄海町《げんかいちょう》の棚田では、夕《ゆう》日《ひ》が玄界灘《なだ》も水田《すいでん》も紅《くれない》に染《そ》める荘厳《そうごん》な美《うつく》しさが有名《ゆうめい》です。筑後川の下流《かりゅう》地域を主《おも》な舞台《ぶたい》とした麦《むぎ》の生産《せいさん》は全国《ぜんこく》トップクラス、有明海《ありあけかい》を中心《ちゅうしん》とした海苔《のり》の生産では日本一です。佐賀海苔の美味《おい》しさは、海苔屋の息子《むすこ》の私も絶品《ぜっぴん》と感嘆《かんたん》しています。

加唐島《かからしま》に百済《くだら》の武寧王《ぶねいおう》が誕生《たんじょう》したという伝説《でんせつ》があるように、佐賀は全国に先《さき》んじて韓《かん》・朝鮮半島《ちょうせんはんとう》や大陸《たいりく》と交流《こうりゅう》し、先進文化《せんしんぶんか》の光《ひかり》を放《はな》ってきました。

江戸末期《えどまっき》には、佐賀藩《はん》は、いち早く西洋《せいよう》文化を取《と》り入《い》れて近代化《きんだいか》を進《すす》め、明治維新《めいじいしん》を力《ちから》強《づよ》くリードしました。その佐賀藩を築《きず》いた名君《めいくん》・鍋島閑叟《なべしまかんそう》（直正《なおまさ》）公《こう》は、「先憂後楽《せんゆうこうらく》」（人より先に憂《うれ》え、人より後に楽《たの》しむ）の書《しょ》を残《のこ》しています。[※3]

佐賀には、皆のために、先駆《さきが》けて困難《こんなん》に挑み、悩み、格闘《かくとう》し、改善《かいぜん》する精神《せいしん》が脈打《みゃくう》っています。

私が佐賀を初《はじ》めて訪《おとず》れたのは、一九六七年の九月——。先駆の心意気《こころいき》に燃《も》える佐賀の友たちと、この人生《じんせい》を共々《ともども》に仲良《なかよ》く朗《ほが》らかに前《まえ》へ前へと進んでいこうと約《やく》し合《あ》いました。

十年後、再《ふたた》び訪問《ほうもん》できた際《さい》には、鳥栖駅《とすえき》に笑顔で迎えに来てくれた友の案内《あんない》で、車《くるま》で佐賀の大地を走《はし》りながら、郷土《きょうど》の繁栄《はんえい》に尽《つ》くす方々《かたがた》の尊《とうと》い献身《けんしん》の様子《ようす》を伺《うかが》いました。友人《ゆうじん》の理容店《りようてん》で散髪《さんぱつ》をしてもらい、和楽《わらく》のご一家《いっか》と歓談《かんだん》したことも忘《わす》れ得《え》ぬ一時《ひととき》です。信義《しんぎ》に篤《あつ》く、真面目《まじめ》で、粘《ねば》り強《づよ》い佐賀の友が、私は大好《だいす》きです。

佐賀には、豊《ゆた》かにして奥行《おくゆ》きの深《ふか》い文化の土壌《どじょう》があります。光栄《こうえい》にも、私は、故・十四代《だい》 酒井田柿右衛門先生《さかいだかきえもんせんせい》と知己《ちき》を得ました。四百年の伝統を誇《ほこ》る有田焼《ありたやき》の柿右衛門様式《ようしき》を継承《けいしょう》・復興《ふっこう》され、新《あら》たに世界《せかい》に宣揚《せんよう》した日本文化の至宝《しほう》であり、人間国宝《にんげんこくほう》であられます。

十四代によれば、一つの小《ちい》さな湯飲《ゆの》み茶碗《ちゃわん》でも良《よ》いものをつくるためには、素晴《すば》らしい技術《ぎじゅつ》を受《う》け継《つ》いだ何十人もの職人《しょくにん》が連鎖《れんさ》し、団結《だんけつ》することが必要《ひつよう》だといいます。※4 先輩《せんぱい》は誠実に親身《しんみ》に後輩《こうはい》を育て、後輩は先輩から真剣《しんけん》に学《まな》び感謝《かんしゃ》する。尊敬《そんけい》し合い、大《だい》目的《もくてき》で結《むす》ばれた信頼《しんらい》の絆《きずな》こそが、長《なが》い発展《はってん》の源《みなもと》となるのです。

さらに、十四代は、「ある材料《ざいりょう》と向《む》かい合って、いろいろ考《かんが》えて、失敗《しっぱい》もして、試行錯誤《しこうさくご》を繰《く》り返《かえ》して、自分《じぶん》なりになにかを探《さぐ》り当《あ》てる、これしかないんです」※5と強調《きょうちょう》されています。

そして、「原点《げんてん》に帰《かえ》る」※6と言われておりました。

伝統の出発点《しゅっぱつてん》を大切《たいせつ》にしてこそ、自分らしさ（独自性《どくじせい》）が守られ、新《あたら》しい創造《そうぞう》もできます。

人生の万般《ばんぱん》に通《つう》ずる鉄則《てっそく》でしょう。

日本の磁器《じき》の発祥地である佐賀県《けん》では、伝統に根《ね》ざしながら、次《つぎ》なる百年の物語《ものがたり》を紡《つむ》ぎゆく、「有田焼創業《そうぎょう》400年事業《じぎょう》」が展開《てんかい》されています。世界で活躍《かつやく》する気鋭《きえい》のデザイナーと窯元《かまもと》の協働《きょうどう》などによる新しい挑戦が、有田焼ルネッサンスの道を開きゆくことを、私も期待《きたい》してやみません。

人間国宝の14代酒井田柿右衛門氏が、
池田SGI会長の「道」の文字を伝統の朱色で描いた飾り皿

楠《くすのき》に
根を張《は》る大地が
あるごとく
強く生《い》き抜《ぬ》く
原点　ここに

先哲《せんてつ》の妙《たえ》なる譬喩《ひゆ》に、「百千万年くら《暗》き所《ところ》にも灯《ともしび》を入《い》れぬればあか《明》くなる」とあります。

誰の生命《せいめい》をも明《あか》るく輝かせる灯とは、希望《きぼう》の哲学《てつがく》であり、人に尽くす誠実でしょう。

佐賀市出身《しゅっしん》で、大坂《おおさか》の適塾《てきじゅく》や長崎《ながさき》などでも学《まな》んだ、日本赤十字社《せきじゅうじしゃ》の創始者《そうししゃ》である佐野常《さのつね》民《たみ》先生は、人命尊重《じんめいそんちょう》の精神を訴《うった》え、道を開きました。

先生が看護《かんご》に携《たずさ》わる女性に念願《ねんがん》していたことがあります。それは、地位《ちい》や貧富《ひんぷ》で差別《さべつ》をせず、ただ誠実に人々の苦《くる》しみを軽減《けいげん》し、その心を安《やす》らかにすること、「人生共愛《きょうあい》の主義《しゅぎ》を拡充《かくじゅう》」※7することです。さらに、厳《きび》しい環境《かんきょう》での使命《しめい》だからこそ、「不撓不屈《ふとうふくつ》の精神を以《もっ》て之《これ》に当《あた》る」※8ということです。

佐賀の各地には、日常《にちじょう》から、慈愛《じあい》と不撓不屈の精神で、皆を励ましている、たくさんの尊貴《そんき》な女性がいます。

私が知《し》る唐津《からつ》市の女性は、漁業《ぎょぎょう》を営《いとな》む実直《じっちょく》なご主人《しゅじん》に嫁《とつ》いでいましたが、不漁《ふりょう》が続《つづ》き、生活苦《せいかつく》も長《なが》く続くと、つい愚痴《ぐち》が出《で》ました。そんななか、夫妻《ふさい》で郷土に貢献《こうけん》する活動《かつどう》に、一生懸命《いっしょうけんめい》、取《と》り組《く》むようになったのです。家《いえ》には地域の友が集《つど》い、互《たが》いに悩みを語《かた》り、励まし合いながら、いつも賑《にぎ》やかでした。

「貧《まず》しくとも心貧乏《びんぼう》にはなるまい」と誓《ちか》った女性は、志《こころざし》を同《おな》じくする友と、おにぎりとたくわんを分《わ》け合って活動し、武雄《たけお》市などにも足《あし》を運《はこ》んで、多くの人々の面倒《めんどう》を見《み》ていきました。その充実《じゅうじつ》のなかで、生活苦も、持病《じびょう》の頭痛《ずつう》も、リウマチも克服《こくふく》できたのです。信条《しんじょう》は「楽《らく》をするより、苦難に挑戦する方《ほう》が喜びが大きい。その後に大満足《だいまんぞく》の青空《あおぞら》が広がります」と朗らかです。

賢明な
　あなたがありて
　　栄えあり
　明るい希望の
　　桜花《おうか》も咲《さ》きゆけ

佐賀は、消防団員《しょうぼうだんいん》の組織率《そしきりつ》が全国一位《い》であるなど、皆で地域を守り支《ささ》える、強い地域力《りょく》があります。世界的（グローバル）な視点《してん》で地域（ローカル）の素晴らしさを見直《みなお》し、地域の特性《とくせい》を輝かせて世界を豊かにする、〝グローカル〟時代の先端《せんたん》のスクラムが広がっているのです。

古来《こらい》、美しい自然《しぜん》と食物《しょくもつ》が豊かで、「豊足《ゆたたり》の里《さと》」と讃《たた》えられる太良町《たらちょう》の友は語っていました。

「本当《ほんとう》の幸福《こうふく》は、物《もの》の豊かさではなく心の豊かさで決《き》まる。その心を磨《みが》いているからこそ、私たちの力で、豊足《ゆたたり》の里を、もっと輝かせんばいかんとです！」と。

思えば、日本初《はつ》の女性化学者《かがくしゃ》・黒田《くろだ》チカ博士（佐賀市出身）は、色《いろ》とりどりの春の花《はな》を愛し、植物色素《しょくぶつしきそ》の研究《けんきゅう》を通《とお》して、人々の生活を平和《へいわ》で豊かにすることに尽くしました。

「どんなに難《むずか》しいことも悲観《ひかん》せず、困難にあえばあうだけ張合《はりあ》いあると考え、ますます勇《ゆう》気《き》と真心《まごころ》とで向《むか》うのが最善《さいぜん》の道である」[※9]と。

そして、科学《かがく》の発見《はっけん》も、掃除《そうじ》・洗濯《せんたく》・料理《りょうり》など身近《みぢか》な生活をより善くする発見も、「こまかい注意《ちゅうい》、工夫《くふう》、根気《こんき》の三つ」[※10]が大事《だいじ》な心構《がま》えであると、少女《しょうじょ》たちを励ましていたのです。

人生の幸福の発見は、明るく前向きな自分自身《じしん》の努力《どりょく》のなかにある――私と妻が見守る佐賀の乙女たちも潑剌《はつらつ》としています。

豊かなる
春の心は
ふるさとを
駆《か》け巡《めぐ》りゆく
励ましの風《かぜ》

陶磁器制作に携わる有田の友らが、庭園で絵つけなどの作業工程を再現。
焼き物王国の伝統に思いを馳せる（1990年9月、佐賀市）

日本建築界《けんちくかい》の父《ちち》・辰野金吾《たつのきんご》先生（唐津市出身）は、お子さんに語っていたといいます。
「自分は一度《ど》でも秀才《しゅうさい》であった例《ため》しはない。然《しか》し如何《いか》なる秀才も自分ほど勉強家《べんきょうか》ではなかった。秀才が一度聞《き》いて覚《おぼ》えることは自分は十度訊《たず》ね、二十度質《ただ》して覚えた」※11と。

努力では誰にも負けない。「辰野堅固《けんご》」と評《ひょう》される、真摯《しんし》な生き方を貫《つらぬ》いて、日本銀行本店《ぎんこうほんてん》、東京駅、大阪市中央公会堂《ちゅうおうこうかいどう》など、堅固な建築を成《な》し遂《と》げていきました。

私にとって、志の堅固な佐賀の青年《せいねん》たちとの交流は、いつまでも胸《むね》に光る歴史です。

若人《わこうど》の真心の音楽演奏《おんがくえんそう》を聴《き》かせてもらったことも、学校《がっこう》の試験《しけん》を終《お》えたばかりの高校生《こうこうせい》と懇談《こんだん》したこともあります。また、私が創立《そうりつ》した大学《だいがく》・学園《がくえん》に、佐賀から勇《いさ》んで学んでくれた青年たちとの語らいも、鮮《あざ》やかに蘇《よみがえ》ります。

佐賀の若《わか》き世代《せだい》には、郷土を愛し、郷土の恩《おん》を返し、郷土に尽くそうとの大情熱《だいじょうねつ》が燃えています。その清々《すがすが》しい青春《せいしゅん》の薫風《くんぷう》に、私は佐賀の無限《むげん》の未来《みらい》を確信《かくしん》してきたのです。

佐賀という県名《けんめい》は、古代《こだい》に「栄《さか》の国」と言われたことが名《な》の由来ともされます。「栄（榮）」の字源《じげん》が炬火《たいまつ》を組み合わせたものであることから、佐賀の名には、自《みずか》らが炬火となって皆を照《て》らし導《みちび》くとの意義《いぎ》も感《かん》じられます。

日本三大松原《さんだいまつばら》の一つである名勝《めいしょう》「虹《にじ》の松原」は、一本《いっぽん》一本の重《かさ》なりによって、壮観《そうかん》な景色《けしき》をつくりだしています。

すべては、小さく見える挑戦の一歩《いっぽ》から始まります。

新しい郷土の栄えを、勇気ある今日の挑戦から始めよう！

これは、佐賀の友と私が共有《きょうゆう》する信念《しんねん》です。

出発だ
　栄えの春へ
　　勇敢《ゆうかん》に
一歩一歩と
　新たな歴史を

パナマ

笑顔《えがお》行き交《か》う　花《はな》の十字路《じゅうじろ》

（二〇一五年十二月号）

太陽《たいよう》の
光《ひかり》と花の
大地《だいち》にて
共《とも》にきざまむ
輝《かがや》く足《あし》あと

花々は、それぞれに、明《あか》るい色《いろ》や鮮烈《せんれつ》な色、落《お》ち着《つ》いた色や深《ふか》みのある色などで、自《みずか》らの生命《せいめい》を思《おも》い切《き》り輝かせていきます。

みな、違《ちが》う色だから、賑《にぎ》やかで楽《たの》しい。

みな、同《おな》じ命《いのち》だから、共々に通《つう》じ合《あ》う。

人《ひと》もまた、わが命を自分《じぶん》らしく光《ひか》らせながら、多彩《たさい》な友《とも》との出会《であ》いのなかで、発見《はっけん》と触《しょく》発《はつ》、そして喜《よろこ》びを重《かさ》ねていきたいものです。

中米《ちゅうべい》のパナマは、国土《こくど》の約《やく》三割《わり》が国立公園《こくりつこうえん》等として自然保護《しぜんほご》されている環境大国《かんきょうたいこく》です。一万《まん》種《しゅ》以上《いじょう》の花々が咲《さ》き薫《かお》るとされる、世界《せかい》に誇《ほこ》る花園《はなぞの》でもあります。

私は一九七四年三月に、このパナマの麗《うるわ》しき大地を初《はじ》めて訪《おとず》れ、たくさんの良《よ》き友と出会いを結《むす》ぶことができました。パナマを旅立《たびだ》つ際《さい》、私は友人《ゆうじん》たちに「帰《かえ》るとは言《い》いません。今《いま》から行《い》ってまいります！」と申《もう》し上《あ》げました。以来《いらい》、二度《ど》、三度と往来《おうらい》し、文化《ぶんか》・教育《きょういく》の交流《こうりゅう》を進《すす》めて、友情《ゆうじょう》の花園を築《きず》いてきました。それは、若《わか》い世代《せだい》の人々にも受《う》け継《つ》がれ、決《けっ》して色あせることがありません。

パナマの多様《たよう》な先住民《せんじゅうみん》のなかで、サンブラス諸島《しょとう》のクナ族《ぞく》の女性《じょせい》は〝太陽を身《み》にまとった女性たち〟と呼《よ》ばれるといいます。※1 伝統衣装《でんとういしょう》にも用《もち》いられる織物《おりもの》（モラ）の模様《もよう》が色鮮《あざ》やかで、人柄《ひとがら》が明るいからです。身近《みぢか》な自然や動物《どうぶつ》等もデザインに活《い》かして、新《あたら》しい織物を創《つく》り出《だ》していくのです。

パナマの友には、周《まわ》りを照《て》らさずにはおかない笑顔があります。

二〇〇〇年九月、名門《めいもん》パナマ大学《だいがく》のガルシア・デ・パレデス総長一行《そうちょういっこう》を東京《とうきょう》でお迎《むか》えし

太平洋に面する、緑薫る首都パナマ市。
青空のもと、林立する高層ビルには発展のエネルギーが光る。
世界の十字路パナマでは、先住民・ヨーロッパ・アフリカ等の
多様な文化が融合している（著者撮影）

ました。私が「パナマの魅力《みりょく》は何でしょう」と伺《うかが》うと、ヴァジャリノ次期《じき》総長が即座《そくざ》に素晴《すば》らしい答《こた》えを返《かえ》してくださいました。

「一番《いちばん》の魅力はパナマ人自身《じんじしん》です。パナマ人は世界を愛《あい》する国民《こくみん》です。どんな外国《がいこく》の人とも共通点《きょうつうてん》を見出《みいだ》し、仲良《なかよ》くやっていける。暴力《ぼうりょく》や軍隊《ぐんたい》、差別《さべつ》は否定《ひてい》します。私たちの血《ち》のなかには、すべての人への『奉仕《ほうし》』と、すべての人への『尊敬《そんけい》』、そして『愛』が流《なが》れているのです」と。

ここには、まさしく〝太陽を身にまとった〟世界市民《しみん》のモデルがあると言ってよいでしょう。

憧《あこが》れの
　世界の十字路
　　パナマかな
　出会い　楽しく
　　　心躍《こころおど》らむ

中米地峡《ちきょう》にあるパナマは、北米大陸《ほくべいたいりく》と南米《なんべい》大陸を「陸《りく》の道《みち》」で結び、太平洋《たいへいよう》とカリブ海《かい》・大西洋《たいせいよう》を「パナマ運河《うんが》」で結んでいます。

この東西南北《とうざいなんぼく》を結合《けつごう》させる「世界の十字路」には、先住民の豊《ゆた》かな文化に加《くわ》え、北南米やヨーロッパ、アフリカ、アジアなど、地球上《ちきゅうじょう》のさまざまな文化が融合《ゆうごう》して、大《おお》きな創造《そうぞう》のエネルギーが漲《みなぎ》っています。

たとえば、パナマの音楽《おんがく》には、世界の多様なリズムとメロディーとハーモニーが躍動《やくどう》しています。

一九八一年二月に首都《しゅと》パナマ市《し》の公園で開催《かいさい》された親善交友会《しんぜんこうゆうかい》等で、音楽にあわせて、少年少女《しょうねんしょうじょ》が満面《まんめん》の笑顔で体《からだ》を動《うご》かし、踊っていた姿《すがた》も、深く印象《いんしょう》に残《のこ》っています。

また、友人は瞳凛々《ひとみりり》しく語《かた》っていました。

「私たちのパナマには、どこの国《くに》よりも大きな希望《きぼう》と夢《ゆめ》があります」

パナマ市の品格《ひんかく》ある旧市街《きゅうしがい》の歴史地区《れきしちく》は、これまでの国の歩《あゆ》みを偲《しの》ぶことができる世界遺産《いさん》です。

通商《つうしょう》の要衝《ようしょう》・パナマの五百年は、海賊《かいぞく》の襲撃《しゅうげき》などに悩《なや》まされ、さらには激動《げきどう》の世界情勢《じょうせい》に左右《さゆう》される苦難《くなん》の連続《れんぞく》の歴史でもありました。

その間《かん》、パナマは三回《かい》〝独立《どくりつ》〟したといわれます。第一に十九世紀《せいき》のスペインからの独立。第二に二十世紀初期《しょき》のコロンビアからの独立、第三に二十世紀末《まつ》の――パナマ運河の完全返還《かんぜんへんかん》というアメリカからの独立です。

パナマの人々は、平和《へいわ》を深く望《のぞ》み、自らの尊厳《そんげん》を取《と》り戻《もど》すことを強《つよ》く願《ねが》い続《つづ》けてきたのです。

「世界では、すべてが改善《かいぜん》できる」「人間《にんげん》に役立《やくだ》つものを改善しようと思うように、人間自身の改善に努《つと》めましょう」とは、十九世紀、パナマ市が生《う》んだ思想家《しそうか》アロセメナの叫《さけ》びです。

パナマの仲間《なかま》と、私も語り合いました。

――環境に翻弄《ほんろう》されるのではなく、一人《ひとり》一人が自らを人間革命《かくめい》して、地域社会《ちいきしゃかい》の改善に貢献《こうけん》し、国土の繁栄《はんえい》を創る「平和の主役《しゅやく》」になろう、と。

私の妻《つま》が知《し》る女性は、幾度《いくど》か家庭崩壊《かていほうかい》の危機《きき》に直面《ちょくめん》しました。しかし、同じ生《い》きるのであれば、「勇気《ゆうき》と希望を持《も》ち、楽観主義《らっかんしゅぎ》で人生《じんせい》の苦難に立ち向かおう」と決《き》めました。

そして、悩んでいるのは自分だけではないと、多《おお》くの悩める友に寄《よ》り添《そ》って、社会の発《はっ》展《てん》にも貢献していったといいます。その行動《こうどう》のなかで、人に尽《つ》くす深い喜びをつかみながら、自分自身が変《か》わり、身近な家族《かぞく》への接《せっ》し方《かた》も変わっていきました。いつしか、笑顔の絶《た》えない和楽《わらく》の家庭も築かれていたのです。

女性こそ、平和と幸福《こうふく》を創る源《みなもと》です。

パナマの友人たちは、「自身の内面《ないめん》の変革《へんかく》が勝利《しょうり》を確《たし》かなものにする」とのモットーを掲《かか》げるなど、自分に勝《か》つことから、家庭の幸福と地域の繁栄を勝ち開《ひら》こうと、今も元気《げんき》いっぱいです。

人びとを
結ぶ　挑戦《ちょうせん》
貫《つらぬ》けと
大地を貫く
運河の英姿《えいし》よ

かのドイツの文豪《ぶんごう》ゲーテが「生きているうちにそれを見《み》たいな」※2と言った大事業《だいじぎょう》が「パナマ運河」です。

世界から累計《るいけい》五十万人といわれる人々が関《かか》わり、死闘《しとう》に次《つ》ぐ死闘の果《は》てに、全長《ぜんちょう》・約八十キロを貫いて完成《かんせい》したのは一九一四年のことでした。「大地は分《わ》かたれ、世界はつながれた」[※3]と謳《うた》われた、この〝人類《じんるい》史上《しじょう》最大《さいだい》の土木《どぼく》工事《こうじ》〟を完遂《かんすい》できた理由《りゆう》は、どこにあったか。技師長《ぎしちょう》の大任《たいにん》を果たしたゲーサルスの言葉《ことば》を、私は忘《わす》れることができません。

「全員《ぜんいん》が仕事《しごと》にたいして抱《いだ》いている誇りです」[※4]と。

私も、巨大《きょだい》なタンカーが、この閘門式《こうもんしき》運河の水門《すいもん》を通過《つうか》する光景《こうけい》を、青年《せいねん》たちと目《ま》の当《あ》たりにしました。完成当時《とうじ》の設備《せつび》が長《なが》い歳月《さいげつ》を超《こ》えて活《い》かされていると伺《うかが》い、「何事《なにごと》も最《さい》初《しょ》の基礎《きそ》づくりが大事《だいじ》だ」と教《おし》えられたものです。現在《げんざい》も、年間《ねんかん》一万五千隻《せき》におよぶ世界の船舶《せんぱく》が通行《つうこう》しているといいます。

大きな国旗《こっき》が翻《ひるがえ》るアンコンの丘《おか》からは、パナマ運河とともに、パナマ市の新《しん》市街に林立《りんりつ》する高層《こうそう》ビルが眺望《ちょうぼう》でき、いやまして発展しゆく勢《いきお》いが伝《つた》わってきます。

パナマは、核兵器《かくへいき》を放棄《ほうき》し、非核地帯《ひかくちたい》を宣言《せんげん》した「平和の先進《せんしん》地域」です。一九九四年には軍隊を撤廃《てっぱい》し、平和教育を推進《すいしん》しています。

平和と繁栄の英知《えいち》の旗手《きしゅ》を育《そだ》てるパナマ大学には、私も三度、お招《まね》きいただきました。

エスコバール総長、セデーニョ・センシ総長、アダメス総長と、歴代《れきだい》の首脳《しゅのう》をはじめ、多くの先生方《せんせいがた》や学生《がくせい》の皆《みな》さんと交流を重ねてきました。

パナマ大学のモットーの一つは「光に向かって」。

真理《しんり》の光を求《もと》めて学《まな》ぶのは何のためですか？　と私が尋《たず》ねると、英才《えいさい》たちが清々《すがすが》しい笑《え》みを湛《たた》えつつ、答《こた》えてくれました。

「わが愛する祖国《そこく》パナマの進歩《しんぽ》と繁栄のためです！」「文化興隆《こうりゅう》のためです！」「社会への貢献のためです！」「民衆《みんしゅう》を豊かにするためです！」と。

私は、若き向学《こうがく》の生命が発《はっ》する、偉大《いだい》な未来《みらい》を照らす光に感銘《かんめい》しました。

風雨《ふうう》にも
　平和の旗《はた》を
　　空高《そらたか》く
　　　掲げるあなたは
　　　　希望の光と

パナマ大学の創立《そうりつ》に尽力《じんりょく》したメンデス・ペレイラ初代《しょだい》総長は、「人間が抱《かか》えるすべての問題《もんだい》の根本《こんぽん》は教育にあり、教育と文化によってのみ諸問題は解決《かいけつ》できるでしょう」と強調《きょうちょう》しました。

国土の大小《だいしょう》よりも大切《たいせつ》なのは、国民の一人一人が人間として向上《こうじょう》し、知恵《ちえ》を増《ま》し、自他《じた》の生命を尊貴《そんき》なものにする道だと信《しん》じていたのです。

この初代総長を、詩人《しじん》のラモス・デ・アルゴテさんは讃《たた》えました。「青年を愛し　青年のために道を開き／青年の運命《うんめい》に　溢《あふ》れんばかりの光を灯《とも》し／そして　その光によって彼《かれ》の栄光《えいこう》は不滅《ふめつ》となった」と。

名門パナマ大学へ3度目の訪問。アダメス総長との会見には、学部長・教授・学生の代表も同席（1987年2月）

パナマでは慈愛《じあい》の光を注《そそ》ぐ教育者《きょういくしゃ》の大半《たいはん》が女性です。幼児《ようじ》教育では九割半、初等《しょとう》教育は七割半、中等《ちゅうとう》教育は約六割、大学は四割半の教員《きょういん》が女性なのです。

私のパナマの友人にも、多くの先生がいます。

ある方は、十代《だい》で継父《けいふ》を亡《な》くし、貧《ひん》乏《ぼう》のどん底《ぞこ》に立たされました。母《はは》が働《はたら》いて借金《しゃっきん》を返す分《ぶん》、自分が〝母〟となって幼《おさな》い三人の弟妹《ていまい》の面倒《めんどう》を見るため、学業《がくぎょう》を断念《だんねん》せざるを得《え》なくなります。

しかし、地域の先輩《せんぱい》の励《はげ》ましを支《ささ》えに、働きながら定時制高校《ていじせいこうこう》で学び、大学にも進み、教師《きょうし》になる夢を叶《かな》えました。どんなに疲《つか》れ果てていても、学ぶ楽しさがあり、夢に近《ちか》づく喜びがあったからです。

母となった彼女《かのじょ》は、教育の現場《げんば》で、いっそう真剣《しんけん》に未来の宝《たから》を励まし続けています。

「子《こ》どもは全員が可能性《かのうせい》の宝庫《ほうこ》であり、その扉《とびら》を開かせてあげるのが、私の使命《しめい》です。どんな壁《かべ》も必《かなら》ず乗《の》り越《こ》えていけることを伝えていきたい。私自身がそうでしたから」と。

また、友人たちとパナマ教育省《しょう》や各学校《かくがっこう》の先生方が手《て》を携《たずさ》え、子どもの幸福を目的《もくてき》とする創価《そうか》の人間教育のプロジェクトを百校以上で実施《じっし》し、反響《はんきょう》を広《ひろ》げてきたことに、心から敬意《けいい》を表《ひょう》します。

華《はな》やかな
舞《まい》と曲《きょく》とに
包《つつ》まれて
友情育《はぐく》む
文化の歓喜《かんき》よ

パナマ市の由緒《ゆいしょ》ある国立劇場《げきじょう》で、「人間蘇生《そせい》の歓喜の舞《ま》い」をテーマに開催された親善文化祭《さい》も、心に鮮《あざ》やかに蘇《よみがえ》ります。

華麗《かれい》なパナマの民族《みんぞく》衣装ポジェラを身にまとっての伝統舞踊《ぶよう》。

ヨーロッパの紳士淑女《しんししゅくじょ》の装《よそお》いで、ワルツにあわせての宮廷風社交《きゅうていふうしゃこう》ダンス。

コロン州《しゅう》にアフリカ系《けい》の人々がもたらした舞踏《ぶとう》。

美《うつく》しい衣装バスキーニャを着《き》て、収穫《しゅうかく》の喜びをあらわすチリキ地方《ちほう》の民族舞踊。

サンブラス諸島で、少女の成長《せいちょう》を皆で祝《いわ》うクナ族の踊り。

そして、パナマの友が日本語の歌《うた》を披露《ひろう》すると、日本の友も「桜花爛漫《おうからんまん》」「ハンヤ節《ぶし》」「ソーラン節」「八木《やぎ》節」等を歌い踊って応《こた》えました。

文化は、友情と平和の懸《か》け橋《はし》です。

パナマの友人たちは、平和・文化・教育・人権《じんけん》・環境の分野《ぶんや》で、意識啓発《いしきけいはつ》のフォーラム(公開討論会《こうかいとうろんかい》)、フェスティバル、展示《てんじ》を広く継続《けいぞく》しています。パナマ政府文化庁《せいふぶんかちょう》と文化協《きょう》定《てい》を、パナマ大学と教育協力《きょうりょく》協定を結ぶなど、政府・教育機関《きかん》と連携《れんけい》しながら、社会に貢献してきたのです。

パナマ文学《ぶんがく》アカデミーの女性初のメンバーとなった詩人オリンピア・デ・オバルディア

パナマ市南西部にあるフラメンコ島で、
民族衣装を身につけた子どもたちから
歓迎の花束（1987年2月）

さんは、感謝《かんしゃ》を込《こ》めて母を讃えました。

「わたしのお母《かあ》さん／わたしの　しあわせ／わたしのやすらぎ　そしてご褒美《ほうび》」
「あなたを喜ばせるため／約束《やくそく》します。／勝利を手にします！　と」

どんな苦難にも負《ま》けないで明るく生き抜き、皆を守《まも》ってきたパナマの母たちがいます。その母たちの志《こころざし》を受け継いで、青年も勇《いさ》んで社会に貢献しています。

私と妻が見守ってきた学生たちも、パナマ大学をはじめ名門五大学と、平和フォーラムを開催《かいさい》し、有力紙《ゆうりょくし》やテレビで紹介《しょうかい》されるなど、英知と勇気と対話《たいわ》で平和運動《うんどう》を進めています。特《とく》に、女性の大学進学率《しんがくりつ》が高いパナマらしく、女子《じょし》学生の活躍《かつやく》が際立《きわだ》っています。

友と歴史を刻《きざ》む場で、折々《おりおり》に斉唱《せいしょう》されたパナマ国歌《こっか》には、「調和《ちょうわ》」が輝く社会を創ろうという希望が歌われています。

明年《みょうねん》（二〇一六年）、完成予定《よてい》のパナマ運河拡張《かくちょう》工事によって、「世界の十字路」パナマは、さらなる発展の希望が開かれています。

私たちも、自分が今いる場所《ばしょ》を、友情が咲き薫る「花の十字路」として、ますます希望の色、歓喜の光、勝利の輝きを広げていきたいものです。

パナマの国鳥《こくちょう》・鷲《わし》のごとく、誇り高く！

母鷲《ははわし》が
強く飛《と》び立ち
勝つごとく
あなたよ 心に
勇気の翼《つばさ》を

オーストリア

心《こころ》を結《むす》ぶ 文化《ぶんか》の黄金《おうごん》の翼《つばさ》

（二〇一六年二月号）

共々《ともども》に
勇気《ゆうき》の音律《おんりつ》
響《ひび》かせて
人生《じんせい》 楽《たの》しく
歓喜《かんき》の舞《まい》を

心には、名指揮者《めいしきしゃ》のごとく自在《じざい》に、希望《きぼう》の調《しら》べを紡《つむ》ぎ出《だ》せる、妙《たえ》なるタクト（指揮棒《ぼう》）があります。

ですから、何気《なにげ》ない暮《く》らしにあっても、生《い》き生きと喜《よろこ》び舞《ま》いゆくワルツを奏《かな》でることができます。

厳《きび》しい試練《しれん》さえ明《あか》るく爽《さわ》やかに笑《わら》い飛《と》ばして、前《まえ》へと進《すす》むマーチを響かせることができます。

皆《みな》の多彩《たさい》な力《ちから》を引《ひ》き出し、結び合わせて、平和《へいわ》の交響曲《こうきょうきょく》を織《お》り成《な》すことができます。

芸術大国《げいじゅつたいこく》オーストリアのウィーンには、この地《ち》で活躍《かつやく》した、ハイドン、モーツァルト、ベートーベン、シューベルト、ブラームス、マーラー等々《とうとう》、錚々《そうそう》たる音楽家《おんがくか》の記念碑《きねんひ》や旧《きゅう》居《きょ》があり、国立歌劇場《こくりつかげきじょう》（オペラ座《ざ》）、ブルク劇場などの芸術の粋《すい》が結集《けっしゅう》しています。

まるで音符《おんぷ》が街中《まちじゅう》を踊《おど》るかのように、隅々《すみずみ》まで音楽が溶《と》け込《こ》んでいる——まさに、皆が日々《ひび》の生活《せいかつ》のなかで〝音《おと》を楽しめる〟音楽の都《みやこ》です。

「ワルツ王《おう》」ヨハン・シュトラウス二世《せい》には《人生を楽しもう》《もろ人《びと》手《て》をとり》と題《だい》する作品《さくひん》があります。※1

音楽を友《とも》として、心も豊《ゆた》かに、仲良《なかよ》く共々に、人生を何倍《なんばい》にも楽しみきっていくことを、この国《くに》の文化は呼《よ》びかけてくれているのです。

一九九二年の六月、瑞々《みずみず》しい緑《みどり》に包《つつ》まれたウィーン市立公園《しりつこうえん》を、瞳輝《ひとみかがや》く少年少女《しょうねんしょうじょ》や友人《ゆうじん》たちと一緒《いっしょ》に歩《あゆ》んだことも、懐《なつ》かしく思い出されます。

私は、「皆、健康《けんこう》で！　皆、幸福《こうふく》で！　皆、最高《さいこう》に楽しい人生を！」とエールを送《おく》りました。その時《とき》の若《わか》き友が、見事《みごと》に成長《せいちょう》してくれている近況《きんきょう》を伺《うかが》い、嬉《うれ》しい限《かぎ》りです。

文化の大宮殿《だいきゅうでん》たるウィーンの礎《いしずえ》を築《きず》き、十三世紀《せいき》から六百年以上《いじょう》、ヨーロッパの広《ひろ》い地《ち》域《いき》を統治《とうち》した名門王家《めいもんおうけ》が、ハプスブルク家《け》です。なかでも、国母《こくぼ》と仰《あお》がれる女帝《じょてい》マリア・テレジアが「慈愛《じあい》と寛容《かんよう》さ」[※2]を強調《きょうちょう》し、その子《こ》ヨーゼフ二世が「寛容令《れい》」を発布《はっぷ》したように、オーストリアの伝統《でんとう》には、多様《たよう》な民族《みんぞく》・文化・宗教《しゅうきょう》を包容《ほうよう》し、共生《きょうせい》しようとする〝寛容の精神《せいしん》〟があります。

「われも生き、他人《ひと》をも生かしめよ」[※3]とは、いにしえのウィーンの格言《かくげん》です。作家《さっか》ツヴァイクも故郷《こきょう》ウィーンを、「受《う》け入《い》れ、吸収《きゅうしゅう》し、精神的融和《ゆうわ》によって結合《けつごう》し、不協和音《ふきょうわおん》をハーモニーに解決《かいけつ》する」[※4]と讃《たた》えています。

一九六一年の初訪問《はつほうもん》の際《さい》、私は、出会《であ》う人々《ひとびと》との対話《たいわ》から、寛容の精神の明るい音律を感《かん》じとったものです。

宿泊先《しゅくはくさき》で温《あたた》かく親切《しんせつ》に迎《むか》えてくれた、若きホテルマンもその一人《ひとり》です。二十年後《ご》、ウィーンで再会《さいかい》を果《は》たすと、ホテルの立派《りっぱ》な支配人《しはいにん》となられていました。時を経《へ》ても、立場《たちば》が変《か》われども、変わらざる真心《まごころ》で歓待《かんたい》してくれ、心弾《はず》む旧友同士《きゅうゆうどうし》の語《かた》らいを交《か》わしました。

人を大切《たいせつ》にすること、相手《あいて》に誠実《せいじつ》に接《せっ》すること、生命《せいめい》を慈《いつく》しむこと、その基本《きほん》にこそ、

美しく青き、母なるドナウ川。そのほとりには、
文化栄えるウィーン市街と、緑豊かな森や畑が広がる（著者撮影）

文化の気品《きひん》があるのでしょう。

思えば、第二次世界大戦《だいにじせかいたいせん》の直前《ちょくぜん》、この文化の国は野蛮《やばん》なナチスの支配下《しはいか》に置《お》かれてしまいました。その横暴《おうぼう》に毅然《きぜん》として負けなかったのが、ヨーロッパ統合《とうごう》の推進者《すいしんしゃ》クーデンホーフ＝カレルギー伯爵《はくしゃく》です。

伯爵は、「母性愛《ぼせいあい》は人間性《にんげんせい》の根源《こんげん》である」[※5]と綴《つづ》られていました。生命を育《はぐく》み、人を苦悩《くのう》から救《すく》おうとする女性《じょせい》の慈愛にこそ、人間らしい平和社会《しゃかい》を築く偉大《いだい》な力がある――これは、伯爵と私の対談《たいだん》でも深《ふか》く一致《いっち》したことです。

黄金の
負けない心に
燦然《さんぜん》と
輝く生命《いのち》は
大宮殿かな

ウィーンには、壮麗《そうれい》なホーフブルク宮殿（王宮《おうきゅう》）やシェーンブルン宮殿をはじめ、文化遺産《いさん》の建物《たてもの》が幾《いく》つも立《た》っています。その一《ひと》つ、ベルヴェデーレ宮殿の美《うつく》しい庭園《ていえん》にも友と訪《おとず》れ、散策《さんさく》しました。

詩人《しじん》リルケは、人生は卑屈《ひくつ》になるな、気高《けだか》く生きよ、王者《おうじゃ》のごとくあれ、と謳《うた》っています。いずこであっても、高貴《こうき》なる魂《たましい》を光《ひか》らせて生きるところは、人間王者、幸福女王《じょおう》の宮殿ではないでしょうか。

私たちは語り合いました。

――焦《あせ》らずに、一人一人が善《よ》き市民《しみん》として、人生の勝利者《しょうりしゃ》になろう。生命尊厳《そんげん》の信念《しんねん》をもって、徹《てっ》して文化を愛《あい》し、平和に貢献《こうけん》しよう。地域を愛し、社会に貢献しよう。そして、本当《ほんとう》に善い人の連帯《れんたい》をつくっていこう、と。

日本からオーストリアに渡《わた》った友人たちも、地域社会で尊《とうと》い貢献を粘《ねば》り強《づよ》く貫《つらぬ》いてきました。

私がご自宅《じたく》に伺った友人夫妻《ふさい》は、経済《けいざい》的な苦境《くきょう》や言葉《ことば》・習慣《しゅうかん》・文化の違《ちが》いにぶつかりながらも、この国こそ自分《じぶん》の使命《しめい》の天地《てんち》であると、決《き》めたといいます。そして、家族《かぞく》みなで、大好《だいす》きなオーストリアのために苦労《くろう》は惜《お》しまないと、懸命《けんめい》に働《はたら》き、根《ね》を張《は》り、信頼《しんらい》を広げ、縁《えん》する一人一人を大切に励《はげ》ましてきたのです。

今《いま》、多様な民族や人種《じんしゅ》や世代《せだい》を超《こ》えた、麗《うるわ》しい世界市民のスクラムに広がっています。

ザルツブルクに本部《ほんぶ》を置くヨーロッパ科学芸術アカデミーの会長《かいちょう》で、世界的な心臓外科《しんぞうげか》の名医《めいい》であられるウンガー博士は、私に言《い》われていました。

「寛容は、自己《じこ》の殻《から》を破《やぶ》り、他者《たしゃ》と語る姿《すがた》のなかに現《あらわ》れます」※6
博士と私たちが共に目指《めざ》す「生命を尊重《そんちょう》する文化」※7の根本《こんぽん》は、人と人を結ぶ「対話」に、自分から積極的《せっきょくてき》に打《う》って出ることです。

人生の
幸福劇の
主役《しゅやく》たれ
苦あり楽《らく》あり
最後《さいご》は勝《か》ちゆけ

美しく青《あお》きドナウ川《がわ》のほとりに広がるブドウ畑《ばたけ》を見《み》つつ、その側《そば》のウィーンの森《もり》にある「ハイリゲンシュタットの遺書《いしょ》の家《いえ》」（ベートーベン博物館《はくぶつかん》）を訪問したことも、忘《わす》れ得《え》ぬ思い出です。

ベートーベンが、難聴《なんちょう》という、音楽家として致命《ちめい》的な苦難《くなん》と闘《たたか》い、自分の為《な》し得るすべてを尽《つ》くし、この家で新《あら》たな創造《そうぞう》へと出発《しゅっぱつ》していったのです。

「自分に課《か》せられていると感ぜられる創造を、全部《ぜんぶ》やり遂《と》げずにこの世《よ》を去《さ》ることはできない」※8と。

不屈《ふくつ》なる精神闘争《とうそう》には、皆に勇気を贈《おく》る音律があります。

私の友人は、写真家《しゃしんか》として順風満帆《じゅんぷうまんぱん》だった青年時代《せいねんじだい》、命《いのち》におよぶ大病《たいびょう》に襲《おそ》われました。その闘病《とうびょう》のなかで気《き》づき、やがて決意《けつい》したことがあります。

――病苦《びょうく》を前にしては、富《とみ》や名声《めいせい》も無力《むりょく》だ。皆、一人の人間だ。自分が人間として善くなれば、写真家としても善くなるだろう。深く強く生き、自分の限界《げんかい》に挑戦《ちょうせん》する姿勢《しせい》が、表現《ひょうげん》にも必《かなら》ずつながる、と。

そして、恐《おそ》れなく病魔《びょうま》も困難《こんなん》の連続《れんぞく》をも打ち破り、多《おお》くの友から慕《した》われる柱《はしら》の存在《そんざい》となっていきました。

私の妻《つま》が知《し》る女性リーダーも、「誰の生命にも、自分の弱《よわ》さと闘争し、人生を変えゆく力があり、現実《げんじつ》に幸福を勝ち開く力があります」と皆を励ましながら、国連都市《こくれんとし》ウィーンで平和の旗手《きしゅ》として尽力《じんりょく》しています。

オーストリアの友と楽しき出会い。一瞬一瞬を大切に真心の励ましを送る（1992年6月、ウィーン）

誰もが自身《じしん》の人生劇をつくる主人公《しゅじんこう》なのです。

一九八九年、フラニツキ首相《しゅしょう》とお会《あ》いした折《おり》、幼《よう》少時《しょうじ》に経験《けいけん》した第二次世界大戦を振《ふ》り返《かえ》りつつ、言われました。「ラテン語《ご》の言葉に『平和を願《ねが》うならば、戦争《せんそう》の準備《じゅんび》をせよ』とある。しかし、私はこの言葉を『平和を願うならば、平和の準備をせよ』と置きかえて、活動《かつどう》をしているのです」。

文化・教育《きょういく》の交流《こうりゅう》は、地道《じみち》なようでありながら、世界平和へのかけがえのない準備でしょう。

私が創立《そうりつ》した民主《みんしゅ》音楽協会《きょうかい》（民音《みんおん》）の招聘《しょうへい》で、世界最高峰《さいこうほう》のウィーン国立歌劇場の日本初公演《はつこうえん》が実現《じつげん》したのは、一九八〇年のことです。

総勢《そうぜい》三百五十人という「引《ひ》っ越《こ》し公演」は、圧巻《あっかん》の舞台《ぶたい》でした。今もって、あの時の感動《かんどう》を語ってくれる方《かた》は少《すく》なくありません。日本の若き芸術家たちの飛躍《ひやく》の契機《けいき》ともなりました。

東京富士美術館《とうきょうふじびじゅつかん》は、オーストリアでの「日本美術の名宝展《めいほうてん》」や、日本での「クリムトとウィーン印象派《いんしょうは》展」、日本オーストリア修交《しゅうこう》百四十周年（二〇〇九年）を慶祝《けいしゅく》した「華麗《かれい》なるオーストリア大宮殿展」などを開催《かいさい》してきました。

創価大学《そうかだいがく》と、名門クラーゲンフルト大学との教育交流も重《かさ》ねています。

また、国連ウィーン本部での「核兵器廃絶《かくへいきはいぜつ》への挑戦と人間精神の変革《へんかく》」展等、平和活動も活発《かっぱつ》に推進しています。

文部次官《もんぶじかん》として文化の交流に邁進《まいしん》されてきた声楽家《せいがくか》のユッタ・ウンカルト＝サイフェルト博士は語っていました。「一人の笑顔《えがお》は、更《さら》に周囲《しゅうい》に笑顔の輪《わ》を広げます。私にとって故郷《ふるさと》とは、こうした友人のいるところです」。

博士と手を携《たずさ》えながら、わが友人たちは郷土《きょうど》に笑顔の輪を広げ、平和の文化を築いています。

オーストリア皇帝《こうてい》フランツ・ヨーゼフのモットーは、「一致協力《きょうりょく》して」[※9]でした。この皇帝の孫娘《まごむすめ》にあたる皇女《こうじょ》エリザベートが住《す》んでいた館《やかた》を、友人たちは文化遺産として大切に整備《せいび》し、文化センターに蘇《よみがえ》らせたのです。文部省やウィーン市などと一致協力して、音楽

市民が憩うウィーン市立公園の一光景。
「ワルツ王」ヨハン・シュトラウス2世も指揮した、
歴史薫るコンサート会場クアサロンがあり、その宮殿風の建物と
自然が美しく調和する（著者撮影）

祭《さい》をはじめ文化と哲学《てつがく》が薫《かお》る催《もよお》しを行《おこな》ってきました。人々が憩《いこ》い、友情《ゆうじょう》を広げる場《ば》として、地元《じもと》の方々《かたがた》に大変《たいへん》に喜ばれています。ドイツ語圏《けん》演劇《えんげき》界の代表《だいひょう》たるブルク劇場で、長年《ながねん》、活躍してきた名優《めいゆう》の夫妻も、「希望と人間尊厳の光《ひかり》を送り続《つづ》けることが私たちの使命です」と献身《けんしん》してくれております。

アルプスの山岳地帯《さんがくちたい》が国土《こくど》の約《やく》三分の二を占《し》めるオーストリアは、雄大《ゆうだい》なる自然《しぜん》と共存《きょうそん》し、世界でも随一《ずいいち》の森林産業《しんりんさんぎょう》の先進国《せんしんこく》でもあります。再生可能《さいせいかのう》エネルギーの推進においても、世界が学《まな》ぶべき未来《みらい》への英知《えいち》が輝いています。

私が、若き日《ひ》から見守《みまも》ってきた友は、人の命を支《ささ》える農業分野《のうぎょうぶんや》の知性《ちせい》として、伝統農法《のうほう》を活《い》かしながら新《あたら》しい発展《はってん》の道《みち》を開いています。愛する郷土に恩返《おんがえ》しを！　という誓《ちか》いからです。

こうした先輩《せんぱい》たちに続いて、青年たちも、それぞれの職場《しょくば》で地域で、〝なくてはならない人〟に成長し尽くしていこうと、すべてに前向《まえむ》きに挑戦しています。

その社会貢献の素晴《すば》らしい人材連峰《じんざいれんぽう》を、私はアルプスのごとく仰ぎ見る思いがします。

国花《こっか》エーデルワイスの名曲《めいきょく》で知られる、ザルツブルクを舞台とした映画《えいが》「サウンド・オブ・ミュージック」では歌《うた》われています。

「すべての山《やま》を登《のぼ》り／流《なが》れを渡り／虹《にじ》を追《お》って／夢《ゆめ》を見つけなさい」[※10]と。

この映画のモデルとなったトラップ一家《いっか》の母親《ははおや》マリアさんは、「音楽は国境《こっきょう》をこえたことばである」[※11]との信念を持《も》ち続け、平和の願いを歌声《うたごえ》に響かせました。

文化の大国オーストリアから、希望の調べがさらに力強く鳴《な》りわたり、平和のために「すべての山に登れ」[※12]との励ましとなって、世界にこだましていく未来が、私には聞《き》こえてきます。

友の笑《え》み
　エーデルワイスと
　　清《きよ》く咲《さ》き
　わが胸中《きょうちゅう》に
　　永遠《とわ》に薫らむ

群《ぐん》馬《ま》

新《あら》たな四季《しき》の曲《きょく》を 仲良《なかよ》く明《あか》るく

（二〇一七年一月号）

朗《ほが》らかな
心《こころ》に勝《まさ》る
光《ひかり》なし
友《とも》を照《て》らさむ
希望《きぼう》を灯《とも》せよ

太陽《たいよう》は、いつも朗らかです。

たとえ、分厚《ぶあつ》い暗雲《あんうん》に覆《おお》われ、夜《よる》の深《ふか》い闇《やみ》に閉《と》ざされても、必《かなら》ずまた、大《おお》らかに笑《わら》い飛《と》ばすように愉快《ゆかい》に光を放《はな》って、生《い》きとし生けるものを照らしていくのです。

この太陽の恵《めぐ》みを、日本で最《もっと》も長時間《ちょうじかん》、受《う》ける大地《だいち》の一《ひと》つが、群馬県《けん》です。「太陽の国《くに》」

群馬には、私が大好《だいす》きな、陽気《ようき》で前向《まえむ》きな友人《ゆうじん》たちの心が輝《かがや》いています。県都《けんと》・前橋《まえばし》が生《う》んだ、日本近代詩《きんだいし》の父《ちち》・萩原朔太郎《はぎわらさくたろう》は、「私の気質《きしつ》は――本質的《ほんしつてき》に『明るい太陽』を向くのである」[※1]と語《かた》りました。

悩《なや》みがあっても、胸中《きょうちゅう》に明るい太陽の光が射《さ》せば、感傷《かんしょう》の悲劇《ひげき》から希望の喜劇《きげき》へと躍動《やくどう》します。

一日は太陽と共《とも》に始《はじ》まります。ならば、私たちの命《いのち》にも太陽を昇《のぼ》らせて、縁《えん》する皆《みな》を照らしながら、仲良く明るく、生きる喜《よろこ》びの詩歌《しいか》を綴《つづ》っていきたいと思《おも》うのです。

日本列島《れっとう》の中央《ちゅうおう》で、鶴《つる》の舞《ま》う形《かたち》をした群馬の天地《てんち》を、私は青年時代《せいねんじだい》から、渋川《しぶかわ》、嬬恋《つまごい》、高崎《たかさき》、前橋、桐生《きりゅう》、みなかみ、伊香保《いかほ》、太田《おおた》、伊勢崎《いせさき》、藤岡《ふじおか》、安中《あんなか》、吾妻《あがつま》、草津《くさつ》……と各地《かくち》を巡《めぐ》り、友と交流《こうりゅう》を重《かさ》ねてきました。

いにしえの『万葉集《まんようしゅう》』にも詠《うた》われた上毛《じょうもう》の四季の彩《いろど》りは、まさに、篤《あつ》き友情《ゆうじょう》を培《つちか》い、心の大きな若人《わこうど》を育《はぐく》む、素晴《すば》らしい舞台《ぶたい》です。

晴《は》れわたる空《そら》に聳《そび》え立《た》つ赤城山《あかぎやま》、妙義山《みょうぎさん》、榛名山《はるなさん》（榛名富士《ふじ》）の鮮《あざ》やかさ。その山容《さんよう》を映《うつ》す赤城大沼や榛名湖、山間《やまあい》を流《なが》れる利根川《とねがわ》の瑞々《みずみず》しさ。農《のう》の営《いとな》みが、なだらかに広《ひろ》がる高原《こうげん》の爽《さわ》やかさ。緑豊《みどりゆた》かな草津の、誰人をも迎《むか》え入《い》れる温《ぬく》もり。皆が憩《いこ》う館林《たてばやし》のツツジの

高原に波うつ“緑の絨毯（じゅうたん）”——太陽の恵みをいっぱいに受けて育った、瑞々しいキャベツの畑（著者撮影、群馬・嬬恋村）

園《その》の美景《びけい》。ミズバショウが群《む》れ咲《さ》く、片品村《かたしなむら》の尾瀬《おぜ》の詩情《しじょう》。
この尾瀬は、自然保護《しぜんほご》の運動《うんどう》の原点《げんてん》となり、子《こ》どもたちが環境保全《かんきょうほぜん》を学《まな》ぶ学校《がっこう》にもなっています。

創価教育《そうかきょういく》の創始者《そうししゃ》・牧口常三郎先生《まきぐちつねさぶろうせんせい》は、前橋や伊香保に足《あし》を運《はこ》び、新たな人間《にんげん》教育の対話《たいわ》を広げました。

わが恩師《おんし》・戸田城聖《とだじょうせい》先生は、第二次世界大戦《だいにじせかいたいせん》の終戦《しゅうせん》の翌年《よくねん》には、平和《へいわ》と文化《ぶんか》の新《あたら》しい時代へ、建設《けんせつ》の一歩《いっぽ》を、桐生に踏《ふ》み出《だ》しました。

恩師の最晩年《さいばんねん》、私も浅間山《あさまやま》の鬼押出《おにおしだ》しにお供《とも》して、大自然の猛威《もうい》と、人間の一念《いちねん》の力《ちから》について語らいの一《ひと》時《とき》を持《も》ったことが忘《わす》れられません。

群馬の友人たちと私が繰《く》り返《かえ》し語り合《あ》ってきたことも、「幸福《こうふく》は心で決《き》まる」ということです。

どんなに地位《ちい》や富《とみ》があっても、それだけでは崩《くず》れない幸福は築《きず》けません。何《なに》ものにも負《ま》けない心の境涯《きょうがい》にこそ、幸福の実像《じつぞう》があると言《い》ってよいでしょう。

高崎ゆかりの思想家《しそうか》・内村鑑三《うちむらかんぞう》は、「心は大《だい》なる財産《ざいさん》である。無尽《むじん》の宝庫《ほうこ》である。之《これ》を開拓《かいたく》し、耕《たがや》し改良《かいりょう》して千里《せんり》の沃野《よくや》と成《な》すことが出来《でき》る」[※2]と強調《きょうちょう》していました。

上州《じょうしゅう》には、ともかく気《き》のいい、人柄《ひとがら》の良い友が多《おお》い。どこか、江戸《えど》っ子《こ》に似《に》ていると感《かん》ずる時《とき》もあります。

わが友人たちは家族《かぞく》のごとく、和楽《わらく》のスクラムを広げています。

高崎で活躍《かつやく》してきた、ある女性《じょせい》は、厳《きび》しい家庭不和《かていふわ》に負けず、病気《びょうき》にも負けませんでした。自身《じしん》の心を磨《みが》きながら、一歩一歩、家族へ、親族《しんぞく》へ、友人へ、幸福の絆《きずな》を強《つよ》めていきました。苦《くる》しければ苦しいほど、前を向く。そして、夫《おっと》と共に、地域《ちいき》の多くの人《ひと》の面倒《めんどう》を見《み》ていったのです。そのモットーは、「人の幸《しあわ》せが自分《じぶん》の幸せになる」です。

花々《はなばな》も
緑も人も
慈《いつく》しむ
生命《いのち》の絆に
笑顔《えがお》の楽土《らくど》が

群馬は「人材《じんざい》の王国《おうこく》」です。歴史《れきし》を創《つく》る、幾多《いくた》の人物《じんぶつ》が生まれ、また、集《つど》ってきました。

江戸から明治《めいじ》への変動《へんどう》の時代には、安中と縁《えにし》が深い教育者・新島襄《にいじまじょう》が、日本で初《はじ》めて「私立大学《しりつだいがく》」の設立《せつりつ》運動を起《お》こし、女性教育の先駆《さきが》けともなりました。「人一人《ひとり》は大切《たいせつ》なり。一人は大切なり」[※3]との確固《かっこ》たる信念《しんねん》を持っていたのです。

地域も、団体《だんたい》も、徹《てっ》して一人一人を慈しみ、一人の生命《せいめい》が秘《ひ》めた偉大《いだい》な力を引《ひ》き出《だ》せるところが発展《はってん》を続《つづ》ける。それが道理《どうり》です。

とりわけ、「かかあ天下《でんか》」で知《し》られる群馬では、女性の知恵《ちえ》と慈愛《じあい》と対話の力が発揮《はっき》されているのではないでしょうか。

私の妻《つま》の友人である、伊勢崎市《し》の女性は、初産《ういざん》の時、大変《たいへん》な難産《なんざん》でした。お嬢《じょう》さんが、生まれた喜びも束《つか》の間《ま》に亡《な》くなってしまったのです。

わずかの命を精一杯《せいいっぱい》に生きた長女《ちょうじょ》を心に抱《だ》きしめて、起《た》ち上《あ》がりました。

その後《ご》、再《ふたた》びお子さんを授《さず》かると、今度《こんど》は早産《そうざん》でした。誕生《たんじょう》した長男《ちょうなん》は病院《びょういん》通《がよ》いが続きましたが、ついに乗《の》り越《こ》えました。そして、長女の分《ぶん》までと、母子《ははこ》で生き抜《ぬ》いてきたのです。

彼女《かのじょ》は、辛《つら》い体験《たいけん》を友への慈愛の糧《かて》として、群馬の隅々《すみずみ》まで歩《ある》き、励《はげ》ましてきました。「太陽の笑顔と心で、苦難《くなん》のカラッ風《かぜ》も幸せの薫風《くんぷう》に変《か》える！」が信条《しんじょう》です。

後輩《こうはい》たちも、「さまざまな悩みは、人の悩みに寄《よ》り添《そ》えるよう、自分の境涯を開《ひら》く転機《てんき》だ」

と学んでいったのです。

寒風《かんぷう》に
毅然《きぜん》と向かいし
瞳《ひとみ》には
幸《さち》舞う春《はる》が
輝き光《ひか》る

明治の日本を代表《だいひょう》する農業指導者《のうぎょうしどうしゃ》・船津伝次平《ふなつでんじべい》（前橋市出身《しゅっしん》）は、「子弟《してい》の教育は耕作《こうさく》をなすが如く」※4と言い残《のこ》しました。

農は人間教育に通《つう》じます。それぞれの個性《こせい》や状況《じょうきょう》に心を砕《くだ》いて、命を育む尊《とうと》き営みです。コンニャク芋《いも》の生産《せいさん》で、昭和村《しょうわむら》は日本一を誇《ほこ》ります。また、ウメの日本有数《ゆうすう》の生産地が、高崎市・安中市の榛名山麓《さんろく》に広がっています。さらに、キャベツをはじめ高原野菜《やさい》で有名《ゆうめい》なのが、嬬恋村です。

渋川市の我《わ》が旧友《きゅうゆう》の夫妻《ふさい》は、「貧乏《びんぼう》の宿命《しゅくめい》を克服《こくふく》してみせる」「絶対《ぜったい》に屈《くつ》しない」と、努《ど》力《りょく》と忍耐《にんたい》を重ねて、もつ煮《に》で全国《ぜんこく》に知られる食堂《しょくどう》を築きました。そこには、夫人《ふじん》が日頃《ひごろ》から、幼子《おさなご》を背負《せお》いながら地域の方々《かたがた》に真心《まごころ》を込《こ》めて貢献《こうけん》し、一人一人のお客《きゃく》さんを大切にして、友情を広げていった奮闘《ふんとう》がありました。

多忙な日々のなかでも、心豊かに、花々と語らう一時を
（1997年7月、草津）

誠実一路《せいじついちろ》の人が、必ず最後《さいご》は勝《か》ちます。

群馬県では、活発《かっぱつ》に「食育《しょくいく》」が進《すす》められ、農家の方々の苦労《くろう》や食に対《たい》する感謝《かんしゃ》の芽《め》を育んでいます。

また、一人で食事《しょくじ》をする「孤食《こしょく》」が増《ふ》える時代のなか、県は共に食卓《しょくたく》を囲《かこ》む「共食《きょうしょく》」を推進《すいしん》しています。一家《いっか》の和楽、友や地域との善《よ》き絆は、幸福の基盤《きばん》です。

群馬は養蚕《ようさん》も盛《さか》んで、質《しつ》の高《たか》い生糸《きいと》は世界で好評《こうひょう》を博《はく》しました。日本初の官営製糸場《かんえいせいしじょう》である、世界遺産《いさん》「富岡《とみおか》製糸場」は、その象徴《しょうちょう》です。それらを支《ささ》えた主役《しゅやく》は、卓越《たくえつ》した技術《ぎじゅつ》を習得《しゅうとく》した女性たちでした。桐生の織物業《おりものぎょう》の発達《はったつ》も名高《なだか》い足跡《そくせき》です。

太田市や大泉町《おおいずみまち》は、自動車《じどうしゃ》の製造《せいぞう》など、ものづくり産業《さんぎょう》を軸《じく》として栄《さか》える、テクノポリス（高度《こうど》技術集積《しゅうせき》都市《とし》）になっています。

人生《じんせい》の
労苦《ろうく》の日々に
喜びと
価値《かち》を織《お》り成《な》す
文化の力よ

戦後《せんご》、人々の心に希望を贈《おく》ろうと創設《そうせつ》された高崎市民《しみん》オーケストラ（現《げん》・群馬交響楽《こうきょうがく》団《だん》）は、移動教室《いどうきょうしつ》などを通《とお》して、各地に音楽《おんがく》を届《とど》け、今《いま》や世界的な発展を遂《と》げられました。

草津の夏《なつ》を彩るクラシック音楽の祭典《さいてん》も、尊い歴史を刻《きざ》まれています。

「一流《いちりゅう》の音楽を民衆《みんしゅう》の手《て》に」と願《ねが》う、私たちの民主《みんしゅ》音楽協会《きょうかい》（民音）も、群馬県下《けんか》の多くの学校等で、コンサートを行《おこな》ってきました。

三十年前《まえ》になりますが、愛郷心《あいきょうしん》みなぎる群馬の友人たちが、文化の祭典を前橋の市民体《たい》育館《いくかん》で開催《かいさい》したことがあります。群馬の自然と歴史と産業と芸術《げいじゅつ》を題材《だいざい》にした、音楽、舞《ぶ》踊《よう》、合唱《がっしょう》、創作劇《そうさくげき》、組《く》み体操《たいそう》、映像《えいぞう》など、四千人の友が躍動する民衆文化の絵巻《えまき》を繰り広げたのです。

当時《とうじ》、郷土《きょうど》の伝統《でんとう》を継承《けいしょう》した若人たちも、青春《せいしゅん》の金《きん》の歴史を胸《むね》に、立派《りっぱ》に成長《せいちょう》しました。

皆それぞれに、自《みずか》ら決めた使命《しめい》と責任《せきにん》で、創意工夫《そういくふう》を重ね、誇り高く地域社会《しゃかい》に貢献しています。地道《じみち》でありながら、民衆の真実《しんじつ》の喝采《かっさい》に包《つつ》まれゆく勝利《しょうり》の人生です。

今、私が見守《みまも》る青年たちも、群馬の偉大な先人《せんじん》に続き、生命尊厳《そんげん》の哲学《てつがく》を学んでいます。

「勇気《ゆうき》の二字《じ》で、身近《みぢか》な地域や職場《しょくば》で貢献を！　そこから友情と平和の連帯《れんたい》を築こう！」

と決意《けつい》し、誉《ほま》れの郷土で青春を乱舞《らんぶ》しています。

安土桃山《あづちももやま》から江戸への激動《げきどう》の時代、沼田《ぬまた》ゆかりの武将《ぶしょう》・真田信繁《さなだのぶしげ》（幸村《ゆきむら》）は覚悟《かくご》していました。

「歯《は》がゆいことは山積《やまづ》みです。定《さだ》めのない浮《う》き世《よ》ですから、一日先《さき》のことはわかりません」[※5]と。

そして、「真田日本一《ひのもといち》の兵《つわもの》」[※6]と讃《たた》えられる戦《たたか》いで、彼《かれ》は彼らしく一人の人間の力の大きさを示《しめ》しました。

現代《げんだい》も変化《へんか》の連続《れんぞく》です。思いもよらない、また、思うようにならないことも多々《たた》あります。しかし、だからこそ、いかなる状況をも、より良い方向《ほうこう》に転《てん》じ、希望の活路《かつろ》を開く。その断固《だんこ》たる太陽の負けじ魂《だましい》をもって、勝利の劇を自分らしく演《えん》じ切《き》っていきたいものです。

花器に浮かぶ睡蓮の花のように、清らかに幸福を開き咲かせる、新たな一日一日を（著者撮影、草津）

成長を続ける生命は、いつの瞬間《しゅんかん》でも美《うつく》しい。

種子《しゅし》の殻《から》を破《やぶ》って、大地から芽を出す時も、葉《は》を茂《しげ》らす時、花咲く時、実《み》を結《むす》ぶ時も――。

新しい四季の始まりです。大いなる希望に燃《も》えて、晴れの日も風の日も雷雨《らいう》の日も、一歩でも二歩でも前進《ぜんしん》しゆく、美しい生命の軌跡《きせき》を共々に！

清《きよ》らかな
郷土を愛する
真心で
蓮華《れんげ》も薫《かお》る
勝利の道を

New York,
U.S.A

ニューヨーク

さらに高《たか》く！ 躍動《やくどう》する青春都市《せいしゅんとし》

（二〇一六年四月号）

嵐《あらし》にも
さらに高くと
勇《いさ》み舞《ま》え
勝利《しょうり》の虹《にじ》へ
たどりつくまで

春《はる》をあらわす英語《えいご》の「スプリング」には、「バネ」や「飛躍《ひやく》」の意味《いみ》があります。

冬《ふゆ》の冷《つめ》たき逆風《ぎゃくふう》さえも上昇《じょうしょう》の力《ちから》に変《か》えて、希望《きぼう》の高みへ、舞い上がっていく。この春の躍動に満《み》ちているのが、「さらに高く！」をモットーとするニューヨーク州《しゅう》の友人《ゆうじん》たちです。

アメリカ最大《さいだい》の都市ニューヨークには、日々《ひび》、世界《せかい》の経済《けいざい》と文化《ぶんか》の最先端《さいせんたん》を開拓《かいたく》しゆく息吹《いぶき》が沸騰《ふっとう》しています。

アメリカに「ニュー（新《あたら》しい）ヨーク」が誕生《たんじょう》したのは、十七世紀《せいき》にさかのぼります。土地《とち》を領有《りょうゆう》したイギリスの国王《こくおう》の弟《おとうと》にあたるヨーク公《こう》の名《な》をとって命名《めいめい》されました。十八世紀にアメリカ独立期《どくりつき》の最初《さいしょ》の首都《しゅと》となり、十九世紀前半《ぜんはん》には女性参政権運動《じょせいさんせいけんうんどう》の先駆《さきが》けの地《ち》となるなど、自由《じゆう》と人権《じんけん》の歴史《れきし》を創《つく》り開《ひら》いてきました。

二十世紀、ニューヨーク生《う》まれの〝人権の母《はは》〟エレノア・ルーズベルトが綴《つづ》り残《のこ》した、味《あじ》わい深《ぶか》い励《はげ》ましがあります。

「『こんなことやあんなことはどうしてもできません』と言《い》うのは簡単《かんたん》である」「それができるようになったとき、われわれはまた一《ひと》つ、足枷《あしかせ》のような恐怖《きょうふ》から解放《かいほう》されたのである」「そして、何《なに》かを成《な》し遂《と》げたときに生《う》まれる精神《せいしん》の自由を手《て》に入《い》れることができる」※1

自由とは、人《ひと》から与《あた》えられるのを待《ま》つものではない。立《た》ちはだかる壁《かべ》を勇敢《ゆうかん》に打《う》ち破《やぶ》って、勝《か》ち取《と》っていくものなのでしょう。

長年《ながねん》にわたる私の友《とも》は、競争《きょうそう》の激《はげ》しいニューヨークの大企業《だいきぎょう》のなかで、互《たが》いに讃《たた》え合《あ》い、思《おも》いやる、素晴《すば》らしい研究《けんきゅう》チームを築《きず》きました。勝利の成果《せいか》を重《かさ》ね、「不可能《ふかのう》も可能になる」と、皆《みな》に希望を送《おく》りました。

この友人夫妻《ふさい》は、誇《ほこ》り高く語《かた》っています。
「私たちの人生《じんせい》を切《き》り開くのは、私たち一人《ひとり》一人の『勇気《ゆうき》』です」と。

限界《げんかい》に
　挑《いど》み勝ちゆく
　　心《こころ》から
　　　自由の凱歌《がいか》よ
　　　　天《てん》に轟《とどろ》け

一九六〇年十月、私がニューヨークを初訪問《はつほうもん》した時《とき》、お会《あ》いした友人には、米軍関係者《べいぐんかんけいしゃ》と結婚《けっこん》して日本から来《き》た女性たちが多《おお》くいました。異国《いこく》の地で苦労《くろう》の連続《れんぞく》だった、その方々《かたがた》と、「一番《いちばん》、不幸《ふこう》に泣《な》いた人こそ、最《もっと》も幸福《こうふく》になる権利《けんり》がある」と語り合いました。
一人の女性は、凜《りん》とした「自由の女神《めがみ》」の像《ぞう》を仰《あお》ぎながら、頼《たよ》れる人もいないニューヨークで、忍耐強《にんたいづよ》く経済苦《けいざいく》を克服《こくふく》し、根《ね》を張《は》ってきました。清々《すがすが》しい笑顔《えがお》で信頼《しんらい》の絆《きずな》を広《ひろ》げて、この街《まち》を最高《さいこう》の使命《しめい》の舞台《ぶたい》として、幸福の劇《げき》を演《えん》じてきたのです。今《いま》も元気《げんき》で、ニューヨークの未来《みらい》を担《にな》う青年《せいねん》を激励《げきれい》しています。

これまで私は、幾度《いくど》となくニューヨークを訪《おとず》れ、それぞれに個性豊《こせいゆた》かな友人たちと、心通《かよ》う対話《たいわ》を重ねてきました。エンパイア・ステート・ビルから街並みを一望《いちぼう》しながら、また、時にマンハッタンの会館《かいかん》や友人のアパートで、時にグレンコーブの芝生《しばふ》で――。その一つ一つが懐《なつ》かしい歴史です。

思えば、人類初《じんるいはつ》の月面《げつめん》への着陸《ちゃくりく》と探査《たんさ》という「アポロ計画《けいかく》」を推進《すいしん》したジャストロウ博士（ニューヨーク出身《しゅっしん》）は強調《きょうちょう》されていました。

――宇宙《うちゅう》の探究《たんきゅう》に人種《じんしゅ》も国境《こっきょう》もありません。皆、心が一つになります。宇宙から見《み》れば地球《ちきゅう》は本当《ほんとう》に美《うつく》しく、宇宙は生命《せいめい》に友好的《ゆうこうてき》と言えるのです、と。

誰もが、宇宙の妙《たえ》なる運行《うんこう》のなかで地球に誕生した生命です。誰もが、自《みずか》らの生命に宇宙大の力と尊厳《そんげん》を持《も》っています。

民族《みんぞく》も文化も実《じつ》に多彩《たさい》な人々が集《つど》い合う「世界の縮図《しゅくず》」ニューヨークは、まさに無数《むすう》の星々《ほしぼし》が煌《きら》めく宇宙さながらです。このニューヨークこそ、絶対《ぜったい》の生命尊厳に立って人間連《にんげんれん》帯《たい》を広げる平和《へいわ》の大拠点《だいきょてん》たれと、私は友人と共《とも》に祈《いの》ってきました。

ニューヨーク州ロングアイランド生まれの詩人《しじん》ホイットマンは、いかなる差異《さい》も超《こ》えて、人々を家族《かぞく》として結合《けつごう》する民主主義《みんしゅしゅぎ》の精神を宣揚《せんよう》した先駆者《せんくしゃ》[※2]です。

一九八一年、「草《くさ》の葉《は》」が薫《かお》る六月、青春時代《じだい》から愛誦《あいしょう》してきた、この詩人の生家《せいか》に、友人たちが案内《あんない》してくれました。質素《しっそ》な木《もく》造《ぞう》の家《いえ》から、世界に光《ひかり》を放《はな》つ詩心《しごころ》の塔《とう》が立ったのだと感慨《かんがい》を禁《きん》じ得《え》ませんでした。

ホイットマンは詠《うた》っています。

「君《きみ》らは遥《はる》かかなたを探《さが》すつもりか、ついにはきっと戻《もど》ってきて、／知《し》りつくしているもののなかに最善《さいぜん》のものを、あるいは最善に劣《おと》らぬものを見出《みいだ》すだろう、／もっとも身近《みぢか》な人びとのなかに誰よりも優《やさ》しく、強《つよ》く、愛《あい》に満ちた人を、／幸福を、知識《ちしき》を、べつのところにではなくこの場所《ばしょ》で、べつの時にではなく今このひとときに[※3]」

笑顔はじける子どもたちと共に（1996年6月、ニューヨーク）

身近な人々と共に励まし合い、身近な地《ち》域《いき》を大切《たいせつ》にして、皆で幸福と繁栄《はんえい》を生み出していく。ここにこそ民主主義の世界があると言えましょう。

わが地域
平和をつくる
舞台なり
縁《えにし》の友と
スクラム固《かた》く

一九九六年六月、私は、ニューヨークにある名門《めいもん》コロンビア大学《だいがく》ティーチャーズ・カレッジで講演《こうえん》の機会《きかい》を得ました。テーマは「世界市民《しみん》」の教育《きょういく》です。その折《おり》、私は、世界市民の育成《いくせい》の出発《しゅっぱつ》は、「足元《あしもと》の生活《せいかつ》の場《ば》」であり、「近隣《きんりん》地域」であると申《もう》し上げ、世界市民の条件《じょうけん》として三点《てん》を挙《あ》げました。

①生命の平等《びょうどう》を知る「智慧《ちえ》の人」
②差異を尊重《そんちょう》できる「勇気の人」
③人々と同苦《どうく》できる「慈悲《じひ》の人」

この講演のあと、私は、世界市民の連帯を広げゆく決意《けつい》をもって、当時《とうじ》、アメリカと厳《きび》しい緊張関係《きんちょうかんけい》にあったキューバに向《む》かいました。以来《いらい》、十九年の歳月《さいげつ》を経《へ》て、両国《りょうこく》の国交《こっこう》が回復《かいふく》したことは、このうえない喜《よろこ》びです。

戦争《せんそう》を防止《ぼうし》し、平和を創出《そうしゅつ》しゆく人類の議会《ぎかい》たる国連《こくれん》の本部《ほんぶ》は、ニューヨークに聳《そび》え立ちます。その地元《じもと》にあって、まず平和のモデルを築こうと、地域社会《しゃかい》に貢献《こうけん》している友人たちは、地球社会の柱《はしら》と光《ひか》る世界市民たちです。

国連の事務次長《じむじちょう》を務《つと》められたチョウドリ博士は、ニューヨークで、共々に「平和の文化」の創造《そうぞう》に奔走《ほんそう》している友人たちを励まし、語ってくださいました。

「人間一人一人には、固有《こゆう》の素晴らしさがある」

「自己《じこ》の人間としての素晴らしさを認《みと》め、同様《どうよう》に他者《たしゃ》を人間として尊重する生《い》き方《かた》を子《こ》どもたちに伝《つた》えること、きたる時代を子どもたちにとって生きる価値《かち》のある社会にすることは、私たちの世代《せだい》の重大《じゅうだい》な責務《せきむ》である」と。

私のニューヨーク訪問の折、陰《かげ》で支《ささ》えてくれた青年《せいねん》リーダーがいます。ニューヨークに生まれ育《そだ》った英才《えいさい》です。

ナチスの迫害《はくがい》に追《お》われてアメリカに渡《わた》った両親《りょうしん》から、戦争の残酷《ざんこく》さと平和の大切《たいせつ》さを聞《き》いて成長《せいちょう》しました。しかし、苦労《くろう》に苦労を重ねた最愛《さいあい》の母が今度《こんど》は重病《じゅうびょう》となり、青年は「なぜ人は悲劇《ひげき》に遭《あ》わねばならないのか」と、答《こた》えを探し求《もと》めました。

そのなかで、日本の関西《かんさい》の夫婦から「あなたが生まれてきたのは幸《しあわ》せになるためですよ」と激励されたことが、大《おお》きな人生の転機《てんき》となったのです。

そして、今、「徹底《てってい》して一人を励ますこと」を信条《しんじょう》として、全米各地《ぜんべいかくち》を駆《か》け巡《めぐ》って、人種も民族も超えた平和と幸福のスクラムを広げています。

あの友も
また この友も
尊《とうと》しと
励ます歩《あゆ》みは
金《きん》の足跡《あしあと》

私の先師《せんし》・牧口常三郎《まきぐちつねさぶろう》先生《せんせい》も恩師《おんし》・戸田城聖《とだじょうせい》先生も敬愛《けいあい》してやまなかった哲学者《てつがくしゃ》デューイ博士は、「人間と云《い》うものは、愛情《あいじょう》、慈悲、正義《せいぎ》、平等、自由等に向《むか》う已《や》むに已まれぬ力を持っている」[※4]と洞察《どうさつ》しております。

一人一人が内《うち》に秘《ひ》めた偉大《いだい》な力を引《ひ》き出《だ》して、人のために価値を創造し、地域社会をより善《よ》くしていくことを目指《めざ》したのです。

ニューヨークには、このデューイ博士が支援《しえん》した「社会人の学校《がっこう》」の建物《たてもの》があります。もともとは十九世紀後半《こうはん》、女性の地位向上《ちいこうじょう》と教育のために建《た》てられました。

友人たちは、この歴史ある建物を大切に復旧《ふっきゅう》・整備《せいび》し、文化会館《かいかん》として蘇《よみがえ》らせたのです。ここを拠点に、デューイ博士の信念《しんねん》を受《う》け継《つ》ぎ、エンパワーメント（内発《ないはつ》的な力の開花《かいか》）を通《とお》して、平和・文化・教育の運動を推進しています。

ニューヨークの高層ビルからの一光景。車や人が活気に満ちて街を行き交う（著者撮影）

国連本部とも連動《れんどう》し、平和の文化、核兵器廃絶《かくへいきはいぜつ》、女性の地位向上、子どもの人権、教育、環境《かんきょう》、文明間《ぶんめいかん》・宗教《しゅうきょう》間対話などをテーマに、活発《かっぱつ》に市民の意識啓発《いしきけいはつ》に尽《じん》力《りょく》し、州や市《し》からも高く賞《しょう》讃《さん》されています。

文化会館の地元にある市

民の憩《いこ》いの場「ユニオンスクエア」は、かつて日米修好通商条約《にちべいしゅうこうつうしょうじょうやく》批准《ひじゅん》のための使節《しせつ》の歓迎《かんげい》式典《しきてん》が開催《かいさい》された公園《こうえん》です。その清掃《せいそう》や植樹《しょくじゅ》を行《おこな》い、地域友好を進《すす》める文化音楽祭《おんがくさい》も開催してきました。

ユニセフ（国連児童基金《じどうききん》）創設《そうせつ》五十周年《しゅうねん》を祝賀《しゅくが》して、ニューヨークの芸術《げいじゅつ》の殿堂《でんどう》カーネギー・ホールで行われた世界青年平和文化祭の絵巻《えまき》も忘《わす》れられません。

かつて、この舞台でバイオリンの名演《めいえん》を披露《ひろう》された世界的音楽家メニューイン氏《し》（ニューヨーク出身）が、努力《どりょく》の目標《もくひょう》に掲《かか》げたのは、「みずからの環境を変えるのと同様に、自己を向上させること」※5でした。

ニューヨークは、音楽、ダンス、ミュージカル、美術《びじゅつ》、ファッションをはじめ、世界の文化をリードする電源地《でんげんち》です。真剣勝負《しんけんしょうぶ》の連続のなかで、皆が切磋琢磨《せっさたくま》し、尽《つ》きることのない創造のエネルギーが滾《たぎ》り立っています。芸術の道《みち》を志《こころざ》し、歩んでいる若《わか》き友も少《すく》なくありません。桜梅桃李《おうばいとうり》で自分《じぶん》らしく、堅実《けんじつ》に努力を貫《つらぬ》き、心の技《わざ》を磨《みが》き、大いなる夢《ゆめ》を実現《じつげん》していっていただきたい。そして、一人ももれなく、人生の勝利者にと願《ねが》ってやみません。

最高に
　自身《じしん》が輝《かがや》く
　　光源《こうげん》は
　　　人を明《あか》るく
　　　　照《て》らす心に

二〇〇一年の九月十一日、アメリカを襲《おそ》った同時多発《どうじたはつ》テロ事件《じけん》のなかで、他者のために懸命《けんめい》に走《はし》り動《うご》いた幾多《いくた》の市民の献身《けんしん》は、憎悪《ぞうお》と暴力《ぼうりょく》に屈《くっ》しない、人間性《にんげんせい》の真髄《しんずい》の勝利でありました。

わが友人たちも直後《ちょくご》から、ニューヨークの世界貿易《ぼうえき》センタービルの被害現場《ひがいげんば》に向かうとともに、文化会館を中心《ちゅうしん》に救援《きゅうえん》活動に奔走しました。私の妻《つま》が知る乙女《おとめ》も、惨劇《さんげき》の街のなかを駆け回《まわ》って、友に勇気の声《こえ》を送り続《つづ》けました。

そして皆で、尊い命《いのち》を失《うしな》った多くの方々への追悼《ついとう》の祈りを重ね、「ニューヨークを平和原点《げんてん》の地に！」と、生命尊厳の哲学を掲げて、平和の連帯を築いてきたのです。

この「暴力に打ち勝つ」運動は、青年が先頭《せんとう》に立ち、国連本部、ニューヨークの各地・各学校、さらに全米にも広がっていきました。

芸術の殿堂カーネギー・ホールでの文化の祭典で、
友らの熱演に大喝采を送る（1996年6月、ニューヨーク）

人権の指導者《しどうしゃ》キング博士のコレッタ夫人《ふじん》が、青年たちに「非暴力主義をもって、平和と博愛《はくあい》と慈悲に満ちた、よりよい世界をつくることにチャレンジしよう」と期《き》待《たい》を寄《よ》せてくださった言葉《ことば》が思い起《お》こされます。

　また、キング博士の盟友《めいゆう》として戦《たたか》った歴史学者ハーディング博士（ニューヨーク出身）は、若き日の原点を、私に語られました。

――母子《ははこ》の生活は貧《まず》しいものでしたが、母は多くの仕事《しごと》をしながら育て、「世界に、よいことをする人間になる」と信《しん》じてくれた。信仰《しんこう》で結《むす》ばれた地域の共同体《きょうどうたい》の方々も、いつも励ましてくれた。人間としての根っこを持つことが重要《じゅうよう》なのです、と。

私が見守《みまも》る、世界各地からニューヨークに来た青年たちも、地域の共同体に根を張り、先輩方《せんぱいがた》に学《まな》びつつ、伸《の》び伸びと使命の舞《まい》を繰《く》り広げています。

その青年の目《め》の前《まえ》には、経済苦や就職難《しゅうしょくなん》、熾烈《しれつ》な競争があります。自信《じしん》を失うことも、失意《しつい》や不安《ふあん》にかられることも、当然《とうぜん》あるでしょう。

しかし、自分を信じて人生を切り開く人間革命《かくめい》の哲学があります。共に励まし合い、信《しん》頼《らい》し合う友情《ゆうじょう》があります。

平和の誓《ちか》いに生きるニューヨークの青年よ、自分のため、友のため、アメリカのため、世界のために、強くあれ、賢《かしこ》くあれ、朗《ほが》らかであれ！　そして「さらに高く」舞いゆけ！　と、私は叫《さけ》んでいます。

ニューヨーク
　信ずる友持つ
　　嬉《うれ》しさよ
　君と我《われ》との
　　握手《あくしゅ》は永久《とわ》にと

兵《ひょう》庫《ご》

わが街《まち》から勇《ゆう》気《き》の勝《か》ち鬨《どき》を

（二〇一八年一月号）

人生《じんせい》は
　勇《ゆう》気《き》で開《ひら》く
　　劇《げき》なれば
負《ま》けたらあかんと
　波乱《はらん》も愉《ゆ》快《かい》に

人生の名優《めいゆう》は、思《おも》いも寄《よ》らぬ難《なん》儀《ぎ》な役回《やくまわ》りも毅《き》然《ぜん》と受《う》けて立《た》ちます。大変《たいへん》であればあるほど、朗《ほが》らかに希《き》望《ぼう》の歌《うた》を歌い、たくましく不《ふ》屈《くつ》の舞《まい》を舞《ま》いながら、立ち向《む》かっていきます。

私の青春《せいしゅん》のふるさと関西《かんさい》、そして兵庫《ひょうご》には、そうした庶民《しょみん》の名優たちが無数《むすう》に光《ひか》っています。

「しんどいな」「でも、負けたらあかん」と励《はげ》まし合《あ》い、最後《さいご》は必《かなら》ずハッピーエンドの逆《ぎゃく》転劇《てんげき》を飾《かざ》るのです。

もう、半世紀前《はんせいきまえ》になるでしょうか。

白雪《はくせつ》が桜花《おうか》のように舞う一月、神戸《こうべ》で友《とも》と語《かた》り合ったことを思い出《だ》します。

――波乱や苦難《くなん》の冬《ふゆ》があろうとも、強《つよ》い心《こころ》で「変毒為薬《へんどくいやく》」つまり「毒《どく》を変《へん》じて薬《くすり》と為《な》す」という劇を演《えん》じ切《き》って、幸福《こうふく》の春《はる》を開こう！　と。

歴史《れきし》を振《ふ》り返《かえ》れば、この「変毒為薬」を物語《ものがたり》に取《と》り入《い》れた、尼崎《あまがさき》にゆかりの深《ふか》い大劇作家・近松門左衛門《ちかまつもんざえもん》も、人間《にんげん》の限《かぎ》りなき「心」の不思議《ふしぎ》を見《み》つめていました。「全宇宙《ぜんうちゅう》は一《いっ》心《しん》に含《ふく》まれる」「一心は全《すべ》ての根源《こんげん》」※1と。

関西、兵庫には、長《なが》きにわたる劇の伝統《でんとう》があります。

人形浄瑠璃《にんぎょうじょうるり》（文楽《ぶんらく》）は、近松らが発展《はってん》させ、その後《ご》、淡路島出身《あわじしましゅっしん》の植村文楽軒《うえむらぶんらくけん》（初代《しょだい》）が復興《ふっこう》させました。演目《えんもく》では赤穂市《あこうし》を故郷とする忠義《ちゅうぎ》の物語「忠臣蔵《ちゅうしんぐら》」も有名《ゆうめい》です。その歴史には、どんな役も全力《ぜんりょく》で取り組み、人知《ひとし》れぬ苦労《くろう》と努力《どりょく》を重《かさ》ねてこそ、自身《じしん》が磨《みが》かれるという心が受け継《つ》がれています。

神戸市、養父《やぶ》市、佐用町《さようちょう》をはじめ兵庫各地《かくち》の農村舞台《のうそんぶたい》でも、人形浄瑠璃や歌舞伎《かぶき》、能《のう》が演じられ、役者《やくしゃ》だけでなく、地元《じもと》の若者《わかもの》らが勇《いさ》んで稽古《けいこ》し、出演《しゅつえん》したといいます。

兵庫が誇《ほこ》る宝塚歌劇《たからづかかげき》のヒット作《さく》では、ヒロインが、戦火《せんか》で荒《あ》れ果《は》てた故郷と共《とも》に蘇生《そせい》すると誓《ちか》い、歌います。「夜《よる》が来《く》れば朝《あさ》は近《ちか》い／冬が来れば春は近い／明日《あした》になれば／月《つき》は沈《しず》み　日《ひ》はのぼる」※2。

人生劇場には端役《はやく》はありません。兵庫の仲間《なかま》たちは、皆《みな》が、わが街《まち》を舞台に輝《かがや》く名優として、自他《じた》共の幸福劇を生《い》き生きと繰《く》り広《ひろ》げているのです。

われも花《はな》
　あなたも花と
　　にぎやかに
　自身の命《いのち》に
　　生きる喜《よろこ》び

兵庫は「日本の縮図《しゅくず》」と言《い》われます。北《きた》は日本海、南《みなみ》は瀬戸内海に開かれ、その中央部《ちゅうおうぶ》には中国山地《ちゅうごくさんち》があって、多彩《たさい》な自然《しぜん》と文化《ぶんか》を織《お》り成《な》しています。

氷上町《ひかみちょう》（現《げん》・丹波市《たんばし》）で目《ま》の当《あ》たりにした、優《やさ》しい山並《やまな》みの麓《ふもと》に広がるコスモスの花の海《うみ》は、まるで、おとぎの国《くに》のような美《うつく》しさでした。

瀬戸内海に臨《のぞ》む須磨《すま》や明石《あかし》は、いにしえより和歌《わか》に詠《よ》まれ、源氏《げんじ》物語の舞台にもなりました。

「心の持《も》ちよう次第《しだい》で、人はどうにでもなるものです。心の広い器量《きりょう》の大《おお》きな人には、幸《さいわ》いもそれに従《したが》って多《おお》くなるのです」※3――紫式部《むらさきしきぶ》の言葉《ことば》は、千年の歳月《さいげつ》を超《こ》えて、私たちの胸《むね》に響《ひび》いてきます。

阪神・淡路大震災でも無事だった「復興」のシンボル・神戸ポートタワーが、青空に映える（著者撮影）

兵庫は、心を広々《ひろびろ》と開いた国際《こくさい》交流《こうりゅう》の要《かなめ》です。

古代《こだい》より外国使《がいこくし》節《せつ》を迎《むか》える拠点《きょてん》となり、中世《ちゅうせい》には中国との貿易《ぼうえき》等《とう》の要《よう》衝《しょう》、近世《きんせい》には全国《ぜんこく》の物資《ぶっし》が集散《しゅうさん》する港《みなと》として栄《さか》え、朝《ちょう》鮮通信使《せんつうしんし》も寄港《きこう》しました。

とりわけ一八六八年の神戸開港以来《かいこういらい》、この百五十年にわたって、日本の近代化《きんだいか》、国際化を力強《ちからづよ》く牽引《けんいん》してきたことは、申《もう》し上《あ》げるまでもないでしょう。

私自身、若《わか》き日から、東西《とうざい》の文化が融合《ゆうごう》し、ダイナミックな活力《かつりょく》が漲《みなぎ》る国際都市《とし》・神戸で、幾度《いくど》となく、新《あたら》しい平和《へいわ》の文化の波動《はどう》をと展望《てんぼう》し合ってきました。

忘《わす》れ得《え》ぬ東山魁夷画伯《ひがしやまかいいがはく》も、兵庫の美点《びてん》を見事《みごと》に体現《たいげん》されていました。画伯は、少年時代《しょうねんじだい》、この天地《てんち》に溢《あふ》れる「大自然の生命力《せいめいりょく》」[※4]に照《て》らされながら、病気《びょうき》がちな身心《しんしん》を蘇生させました。また、日本の伝統文化を間近《まぢか》に感《かん》じつつ、この天地が窓口《まどぐち》となって受け入れた世界《せかい》の文化を呼吸《こきゅう》して、「生命の輝き」[※5]を求《もと》める芸術《げいじゅつ》の道《みち》へと進《すす》んでいかれたのです。画伯は言われています。

「自然に対《たい》して、あるいは人間に対して、芸術に対して、その相手《あいて》に自分《じぶん》の心が通《かよ》いあってそこに飛《と》ぶ火花《ひばな》。それが生命の火花であり、美だと思うのです」[※6]

文化とは、生命と生命の触発《しょくはつ》によって飛び交《か》う火花のなかから、新《あら》たな創造《そうぞう》がなされるものではないでしょうか。

願《ねが》わくば
愛《あい》する故郷の
大地《だいち》たれ
皆の笑《え》顔《がお》を
咲《さ》かせるために

大好《だいす》きな兵庫には、いずこにも人情味《にんじょうみ》に満《み》ちた庶民の都《みやこ》、人間共和《きょうわ》の都があります。地域貢献《ちいきこうけん》に奔走《ほんそう》する尼崎の旧友《きゅうゆう》のお宅《たく》に伺《うかが》って、営《いとな》んでいる工場《こうじょう》を隅々《すみずみ》まで案内《あんない》してもらったこともあります。

夫妻《ふさい》は、火災《かさい》で家《いえ》や工場を焼失《しょうしつ》する困難《こんなん》から立ち上がり、全国に支社《ししゃ》を出すまでに発展させていきました。六人のお子《こ》さんも立派《りっぱ》に育《そだ》て上げました。

「陰《かげ》で苦労して戦《たたか》い切った人が必ず勝《か》つ」と、六甲山《ろっこうさん》を仰《あお》ぎながら、地域を駆《か》け回《まわ》り、友を励まし、郷土《きょうど》に貢献する喜びを一番《いちばん》の「心の財《たから》」としてきたのです。

思えば、福崎町《ふくさきちょう》出身の日本民俗《みんぞく》学《がく》の父《ちち》・柳田国男《やなぎたくにお》先生《せんせい》は、学問《がくもん》によって一人《ひとり》でも不幸《ふこう》な人を少《すく》なくしたいとの願いを込《こ》めて、郷土研究《けんきゅう》に取り組みました。※7

研究仲間であった創価教育《そうかきょういく》の創始者《そうししゃ》・牧口常三郎《まきぐちつねさぶろう》先生のことを、「自分が苦《くる》しんでいても他人《たにん》の世話《せわ》をする」※8という面《めん》からも注目《ちゅうもく》していたのです。

その牧口先生が神戸に足《あし》を運《はこ》ばれ、知人《ちじん》宅で対話《たいわ》を深められていた歴史も偲《しの》ばれます。

白鷺城《しらさぎじょう》と謳《うた》われる、あの秀麗《しゅうれい》な姫路城《ひめじじょう》が、長く風雪《ふうせつ》に耐《た》えて立ち、人々の心の拠《よ》り所《どころ》となってきたように、それぞれの地域で支《ささ》え合い、助《たす》け合う友情《ゆうじょう》と信頼《しんらい》のスクラムこそ、かけがえのない城《しろ》でありましょう。

度々《たびたび》、伺った芦屋《あしや》でも、誠実《せいじつ》な友人《ゆうじん》たちと地域友好《ゆうこう》、近隣《きんりん》友好の輪《わ》を広げてきたことが、懐《なつ》かしく蘇《よみがえ》ります。

真心《まごころ》は
　天にのぼりて
　　清《さや》かなる
　　　月の光《ひかり》と
　　　　皆を照らさむ

私の恩師《おんし》・戸田城聖《とだじょうせい》先生は、神戸ゆかりの〝大楠公《だいなんこう》〟の歌が大好きでした。

大楠公・楠木正成《くすのきまさしげ》がこよなく大事《だいじ》にしていたものは何《なに》か。『私本太平記《しほんたいへいき》』（吉川英治著《よしかわえいじちょ》）

では、「鉄《てつ》の団結《だんけつ》と相互愛《そうごあい》」[※9]と描《えが》かれています。それは、わが兵庫の友人たちの絆《きずな》にも脈《みゃく》打《う》つ誇りです。

一九七八年の秋《あき》十一月、縁《えにし》深き播磨《はりま》、加古川《かこがわ》の友のもとへ、私は駆けつけ、語らいました。

――立場《たちば》も境遇《きょうぐう》も関係《かんけい》なく、人間同士《どうし》として尊敬《そんけい》し合い、励まし合う。この連帯《れんたい》をもって、人生の勝利《しょうり》と地域の繁栄《はんえい》を築《きず》いていこう、と。

「兵庫」という地名《ちめい》のごとく、〝平和の精兵《せいへい》〟たる人材《じんざい》が集《つど》い合った〝宝庫《ほうこ》〟です。だからこそ、一人一人の個性《こせい》を活《い》かして、力を合わせていく時《とき》、どれほど素晴《すば》らしい未来《みらい》が開けることか。

「共戦《きょうせん》」「共進《きょうしん》」「共生《きょうせい》」という合言葉《あいことば》を皆で確認《かくにん》したのは、西宮《にしのみや》の地でした。

たつの市に生《う》まれた哲学者《てつがくしゃ》・三木清《みききよし》は、「大衆《たいしゅう》の中《なか》に入《はい》らないものは結局滅《けっきょくほろ》んでしまわなければならぬ」[※10]と喝破《かっぱ》していました。大衆こそ「文化保存《ほぞん》の力」であり、「文化革新《かくしん》の力」でもあると洞察《どうさつ》したのです。[※11]

神戸発《はつ》の文化が、日本中に広がり、愛されていったのも、大衆に根差《ねざ》しているからでしょう。

映画《えいが》やジャズ、水族館《すいぞくかん》、マラソン、ボウリング、ゴルフも、バウムクーヘンなどの洋菓《ようが》子《し》、そしてコーヒーを楽《たの》しむ喫茶店《きっさてん》といった食《しょく》文化も、神戸からとされています。

優しい丹波の山の麓では、コスモスの花の海が、
そよ風に波打つ（著者撮影）

伝統の食文化でも、播磨の酒米《さかまい》「山田錦《やまだにしき》」や、丹波の黒《くろ》大豆《だいず》は、日本一の生産《せいさん》を誇ります。但馬《たじま》のズワイガニ、淡路のシラス、瀬戸内沿岸《えんがん》のイカナゴも全国に知られてきました。灘《なだ》の酒造業《しゅぞうぎょう》は江戸《えど》時代に栄え、今日《こんにち》まで守《まも》り継がれています。

小野《おの》市の播州《ばんしゅう》そろばんや、篠山《ささやま》市（現・丹波篠山市）、三田《さんだ》市の丹波立杭焼《たちくいやき》、三木《みき》市の金物《かなもの》、西脇《にしわき》市の播州織《おり》、加《か》東《とう》市の播州釣針《つりばり》、多可町《たかちょう》の杉原紙《すぎはらがみ》等の工芸品《こうげいひん》も光ります。

わが友人たちは、阪神甲子園球場《はんしんこうしえんきゅうじょう》などで、平和を願う世界市民《しみん》の文化の祭典《さいてん》を開催《かいさい》しました。

一九八七年には、神戸開港百二十年を祝賀《しゅくが》して、ワールド記念《きねん》ホールで平和文化祭を盛大《せいだい》に行《おこな》いました。

そこには、須磨で逆境《ぎゃっきょう》時代を生きた光源氏《ひかるげんじ》（源氏物語）や、一ノ谷《いちのたに》の戦いで勝利した源《みなもとの》義経《よしつね》（平家物語）など、兵庫で親《した》しまれる話《はなし》を基《もと》にした演技《えんぎ》がありました。

また、開港した神戸で西洋《せいよう》文化を吸収《きゅうしゅう》しながら、新たな街づくりに生き生きと働《はたら》く庶民や青年《せいねん》の姿《すがた》が演じられました。

そして、歴史を継承《けいしょう》し、現代《げんだい》から未来へ無限《むげん》に発展しゆく「素晴らしき兵庫」を歌い上げたのです。

伝統を受け継ぎ、活かす、進取《しんしゅ》と団結の挑戦《ちょうせん》には、行き詰《づ》まりがありません。創造の力は滾々《こんこん》と涌《わ》き出《い》ずるのです。

不屈なる
　心の都
　　輝きて
　永久《とわ》に栄えむ
　　楽土《らくど》はここに

一九九五年の一月十七日、阪神・淡路大震災《だいしんさい》が、愛する兵庫の天地を襲《おそ》いました。

亡《な》くなられた方々《かたがた》のご冥福《めいふく》を、妻《つま》と祈《いの》らぬ日はありません。ともに、筆舌《ひつぜつ》に尽《つ》くせぬ悲《かな》しみや苦しみを抱《かか》えながら、亡き家族《かぞく》や友人たちの分《ぶん》までと生きて生き抜《ぬ》いて、兵庫の大復興を成し遂《と》げてこられた宝友《ほうゆう》の健康《けんこう》とご多幸《たこう》を祈り続《つづ》けています。

偉大《いだい》な友人たちは、自《みずか》ら被災《ひさい》して、家も財産《ざいさん》も大事な人さえ失《うしな》って深く傷《きず》ついても、救《きゅう》援《えん》に、復旧《ふっきゅう》に駆け回りました。拠点である会館《かいかん》を被災者の方々に開放《かいほう》し、心尽《づ》くしの温《あたた》かなおにぎりや豚汁《とんじる》等を渡《わた》しつつ、皆を励ます母《はは》たち、女性《じょせい》たちの慈愛《じあい》の姿がありました。凜々《りり》しき青年たちは、変《か》わり果てた街の道なき道をバイクで走《はし》って、物資を幾多《いくた》の人々へ送《おく》り届《とど》けました。その迅速《じんそく》でこまやかな救援活動《かつどう》は、世界からも高《たか》く賞讃《しょうさん》されました。

そうしたなかで、兵庫家族は、疲《つか》れ切った身体《からだ》を休《やす》めるわずかの時間《じかん》にも、郷土を大復興させゆく使命《しめい》を語り合ったのです。「必ず変毒為薬して楽土兵庫を築いてみせる」と。

友人たちは、PTA《ピーティーエー》やボランティア、民生委員《みんせいいいん》等、地域貢献の活動を勇んで担《にな》い立ちました。震災復興住宅《じゅうたく》などで、孤立《こりつ》しがちな人々に心を砕《くだ》き、地域を回りに回って交流が増《ふ》えるように皆を支えました。本当《ほんとう》の復興は、人間の絆のなかに生まれる、と。

私の妻の友人は、元気《げんき》を取り戻《もど》して語っていました。

「形《かたち》あるものは壊《こわ》れました。しかし、私たちは瓦礫《がれき》の中から〝壊れないもの〟を見つけることができました。それは『心こそ大切《たいせつ》なれ』ということです」

長田区《ながたく》で、その誇り高き「心」の友人たちと共に過《す》ごした夕《ゆう》べも、私の胸奥《きょうおう》から離《はな》れることはありません。

兵庫県《けん》は「芸術文化立県《りっけん》」を掲《かか》げています。

大震災の折《おり》、私たちの救援活動の拠点となった文化会館に隣接《りんせつ》して、二〇〇〇年、関西国際文化センターが誕生《たんじょう》しました。神戸のメインストリートにある、このセンターで、友人たちは多彩なコンサートや展覧会《てんらんかい》を実施《じっし》し、東日本大震災・企画展示《きかくてんじ》「心の財《たから》は絶対《ぜったい》に壊されない！――神戸から東北《とうほく》へ励ましのメッセージを贈《おく》ろう」も開催しました。民音《みんおん》（民主音楽協会《みんしゅおんがくきょうかい》）音楽博物館《はくぶつかん》・西日本館も開設《かいせつ》されています。

各界《かっかい》のご協力《きょうりょく》をいただき、開港百五十年を祝賀した、神戸市立《しりつ》博物館での「遥《はる》かなるルネサンス展」（東京富士美術館《とうきょうふじびじゅつかん》企画）も、大きな共鳴《きょうめい》を広げました。

ともあれ、大先哲《だいせんてつ》が明言《めいげん》する通《とお》り、一日の命は、宇宙の全財宝《ぜんざいほう》を集《あつ》めた以上《いじょう》の宝《たから》です。

兵庫の友は、この一日の命の尊《とうと》さを示《しめ》し切りながら、何ものにも屈《くっ》しない「生命尊厳《そんげん》の文化」と「民衆《みんしゅう》連帯の文化」を打ち立ててきました。それは、苦難に立ち向かう全世界の人々にも希望と勇気を贈っているのです。

豊岡《とよおか》市出身の冒険家《ぼうけんか》・植村直己《うえむらなおみ》さんは、夢《ゆめ》に挑戦する「心の冒険」※12を、青年たちに教《おし》えてくれました。

思い出深いワールド記念ホールで、昨夏《さくか》（二〇一七年）、兵庫の青年の集いが大成功《だいせいこう》で行われました。テーマは「青年《わたし》が拓《ひら》く　希望の新航路《しんこうろ》――Keep on Sailing《キープオンセイリング》（永遠《えいえん》に進み続けよう)」でした。今《いま》、兵庫の新時代へ、若き名優たちの挑戦が始《はじ》まっています。

正月《しょうがつ》を寿《ことほ》ぐ箏曲《そうきょく》「春の海」で知られる、神戸生まれの音楽家・宮城道雄《みやぎみちお》先生は、全盲《ぜんもう》の苦悩《くのう》を乗《の》り越《こ》え、命の音律《おんりつ》を紡《つむ》ぎ出しました。名曲「さくら変奏《へんそう》曲」などを、妻がよくかけてくれたものです。

世界市民の港・神戸で、関西創価学園生と楽しき質問会の一時(2000年2月)

宮城先生は言われました。

「美しい心根《こころね》の方の心の調《しら》べは、そのまま声《こえ》に美しくひびいてくる」※13と。

新たな一年も、わが街から、大いなる希望と友情の心の調べを響かせ、勇気の勝ち鬨《どき》を轟《とどろ》かせていきたいものです。

響きゆけ
　祈り込めたる
　　友の声
　いのちの蘇生の
　　天の調べと

インド

明日《あす》へ伸《の》びゆく青年《せいねん》の大国《たいこく》

（二〇一六年六月号）

慈雨《じう》なるか
　苦《くる》しみ分《わ》かち
　　励《はげ》ましを
贈《おく》る　慈愛《じあい》の
　あなたの声《こえ》は

恵《めぐ》みの雨《あめ》は、母《はは》の慈愛に譬《たと》えられます。大地《だいち》を潤《うるお》し、草木《そうもく》を養《やしな》い、穀物《こくもつ》を育《そだ》て、生《い》きとし生けるものに瑞々《みずみず》しい息吹《いぶき》を蘇《よみがえ》らせてくれます。

雨が上《あ》がれば、陽光《ようこう》を映《うつ》して、天《てん》には虹《にじ》が、大地には金《きん》や真珠《しんじゅ》のような輝《かがや》きが満《み》ちます。

インドの詩人《しじん》バルトリハリは詠《うた》いました。

「求《もと》められずとも太陽は／蓮《はす》の群《むれ》を開花《かいか》させ、／月《つき》は睡蓮《すいれん》の群を開花させ、／雲《くも》もまた雨を降《ふ》らせる。／よき人々《ひとびと》は自分《じぶん》から／他者《たしゃ》の利益《りえき》に努力《どりょく》する」[※1]

私たちの生命《せいめい》にも、太陽があり、月光《げっこう》があり、光雨《こうう》があります。それは、人のためにと行動《こうどう》に打《う》って出《で》る時《とき》、いよいよ輝きを増《ま》していくのではないでしょうか。

一九四七年の八月十四日の夜《よる》、終戦《しゅうせん》から二年が経《た》とうとしていた時に、十九歳《さい》の私は、戸田城聖先生《とだじょうせいせんせい》と初《はじ》めてお会《あ》いし、人生《じんせい》の師《し》と仰《あお》ぎ定《さだ》めることができました。

その数時間後《すうじかんご》、デリーの国会議事堂《こっかいぎじどう》では、ネルー初代首相《しょだいしゅしょう》が「インドは生命と自由《じゆう》とに目《め》ざめるのだ」[※2]と演説《えんぜつ》を行《おこな》いました。

精神《せいしん》の大国インドの独立《どくりつ》と時を同《おな》じく、新《あら》たな青春《せいしゅん》の歩《あゆ》みを開始《かいし》したことを、私は感慨《かんがい》深《ふか》く心《こころ》に留《とど》めてきました。

マハトマ・ガンジーは、「あらゆる人の眼《め》からあらゆる涙《なみだ》を拭《ぬぐ》う」[※3]との大願《だいがん》を立《た》て、「恐《おそ》れる事《こと》は少《すこ》しもない」[※4]と非暴力《ひぼうりょく》の勇気《ゆうき》を貫《つらぬ》きました。そのガンジーに、ネルーたち弟子《でし》が続《つづ》き、多《おお》くの女性《じょせい》や青年が立ち上がって、植民地支配《しょくみんちしはい》からの独立を果《は》たしたのです。

このインドの人々と友情《ゆうじょう》を結《むす》びたいとの我《わ》が師の念願《ねんがん》を胸《むね》に、私は交流《こうりゅう》を重《かさ》ねてきました。

ラージ・ガートにある「マハトマ・ガンジーの碑《ひ》」で、崇高《すうこう》な生涯《しょうがい》を偲《しの》び献花《けんか》した折《おり》には、謹《つつし》んで追悼《ついとう》の一文《いちぶん》を捧《ささ》げました。

「高貴《こうき》にして　偉大《いだい》なる魂《たましい》は　永遠《えいえん》に民衆《みんしゅう》の太陽《たいよう》として　輝き救《すく》いゆく。黄金《おうごん》の光《ひかり》を　黄金の魂よ！」と。


インダスおよびガンジスの古代文明《こだいぶんめい》以来《いらい》、四千年以上《いじょう》にわたる悠久《ゆうきゅう》の歴史《れきし》のなかで、インドは限《かぎ》りなき精神の探究《たんきゅう》を進《すす》め、深遠《しんえん》な知恵《ちえ》を培《つちか》ってきました。

釈尊《しゃくそん》は、生老病死《しょうろうびょうし》の苦悩《くのう》の解決《かいけつ》を求め、宇宙《うちゅう》と生命の根源《こんげん》の法《ほう》を究《きわ》めました。そして「一切《いっさい》の生きとし生けるものは、幸福《こうふく》であれ、安穏《あんのん》であれ、安楽《あんらく》であれ」※5との慈悲《じひ》をもって、インドの広大《こうだい》な大地を歩《ある》き抜《ぬ》いて、人々のために法を説《と》き続けました。その対話《たいわ》は、「大衆《たいしゅう》のなかで〔ライオンがほえるように、〕声をひびかせている」「人々はかれに質問《しつもん》をしており、その質問にかれは答《こた》えている。かれはその質問の答えによって、人々を喜《よろこ》ばせている」※6等とされ、皆《みな》に勇気と和合《わごう》をもたらしていったのです。

その後、古代インドを初めて統一《とういつ》したマウリヤ朝《ちょう》のアショーカ王《おう》は、戦争《せんそう》を放棄《ほうき》し、釈尊の慈悲の精神をもって、法による政治《せいじ》、人々のための慈善事業《じぜんじぎょう》・社会《しゃかい》事業、平和《へいわ》のための外交《がいこう》を続けました。

「わたしはいかなるところにあっても、人民《じんみん》の利益のために力《ちから》を致《いた》す」※7——王は、表面《ひょうめん》を磨《みが》いた大《おお》きな岩石《がんせき》や、獅子像《ししぞう》などを冠《かん》した石柱《せきちゅう》に、自《みずか》らの信条《しんじょう》を刻《きざ》んでインド全土《ぜんど》に設置《せっち》し、直接《ちょくせつ》、人々に訴《うった》えました。

二十世紀《せいき》、独立インドは、この釈尊とアショーカ王の精神を源《みなもと》に、正《ただ》しき理法《りほう》が悪《あく》を破《やぶ》り広《ひろ》く伝《つた》わる譬えである「法輪《ほうりん》」を国旗《こっき》に、「獅子」を国章《こくしょう》に掲《かか》げたのです。

悠久の
　歴史の栄《さか》えの
　　奥底《おうてい》に
　師子《しし》の魂
　　師弟《してい》の道《みち》あり

私がインド初訪問《はつほうもん》を果たしたのは、一九六一年の一月のことです。にぎわうチェンナイに第一歩《だいいっぽ》をしるした後、首都《しゅと》デリーやアグラ、釈尊が菩提樹《ぼだいじゅ》のもとで悟《さと》りを開《ひら》いたブッダガヤ、法華経説法《ほけきょうせっぽう》の舞台《ぶたい》・霊鷲山《りょうじゅせん》のあるラージギール（王舎城跡《おうしゃじょうあと》）、アショーカ王が都《みやこ》と

国立ガンジー記念館で、マハトマ・ガンジーの直系の弟子である
パンディ副議長夫妻と和やかな語らい（1992年2月、デリー）

したガンジス河畔《かはん》のパトナ等を見学《けんがく》しました。

また、これまでに、大乗仏教《だいじょうぶっきょう》が興隆《こうりゅう》したカニシカ王のクシャーナ朝、ヒンドゥー教《きょう》が発《はっ》展《てん》したグプタ朝、イスラム王朝のムガル帝《てい》国《こく》などにまつわる遺跡《いせき》、遺産《いさん》に触《ふ》れました。

私は、人類《じんるい》に偉大な精神の光を贈ってくれたインドの文化《ぶんか》の大恩《だいおん》に思《おも》いを馳《は》せつつ、平和のための「文明間《かん》の対話」「宗教間《しゅうきょうかん》の対話」の構想《こうそう》を広げていきました。

この私の心を心として、インドへの貢献《こうけん》を誓《ちか》って、日本から羽《は》ばたいた鳳雛《ほうすう》がいます。まだインド留学《りゅうがく》が珍《めずら》しかった当時《とうじ》、言《い》うに言われぬ悪戦苦闘《あくせんくとう》の連続《れんぞく》でしたが、どんな苦難《くなん》があっても永住《えいじゅう》すると覚悟《かくご》を決《き》めました。

学《まな》ぶなかで、古代から耕《たがや》されたインドの思想《しそう》の土壌《どじょう》には、生死《しょうじ》を超《こ》えた「永遠《えいえん》の生命」や「宇宙と自己《じこ》の一体性《いったいせい》」への思索《しさく》、さらに人生を善《よ》く生きるための「師弟の道」への理解《りかい》があることを見出《みいだ》したといいます。

そして、青春の誓いを共有《きょうゆう》する、心美《うつく》しい誠実《せいじつ》な夫人《ふじん》と一緒《いっしょ》に、多彩《たさい》な人々と友情を結び、友《とも》を支《ささ》え、青年を育てながら、インドの平和と文化のために貢献を続けています。

一九七九年の訪問では、私は当時のデサイ首相など多くの要人《ようじん》と会見《かいけん》しました。インドにおいて、国家《こっか》や自治体《じちたい》の指導者《しどうしゃ》、教育者《きょういくしゃ》や文化人の方々《かたがた》との交流が本格的《ほんかくてき》に始《はじ》まったのは、この時からです。

緑《みどり》が光《ひか》り、鳥《とり》も憩《いこ》うデリーのローディー庭園《ていえん》では、瞳《ひとみ》輝く子どもたちと出会《であ》いました。

「勉強《べんきょう》が終《お》わって遊《あそ》びに来《き》たのかな？　仲《なか》がいいんだね」と尋《たず》ねると、「いつも一緒なので、きょうだいみたいなんです」と答えが返《かえ》ってきました。

「いいお友だちを持《も》つことは、人間《にんげん》として一番幸《いちばんしあわ》せなことだね」と笑顔《えがお》を交《か》わしました。

親《した》しき友人《ゆうじん》たちとは、釈尊やガンジーのように「自ら始める」精神を語り合いました。

ガンジス川《がわ》も一滴《いってき》の水《みず》から始まる。

それと同じく、職場《しょくば》や地域《ちいき》社会で、自らが最初《さいしょ》の一滴となって皆に貢献し、信頼《しんらい》と平和の大河《たいが》を広げようと約《やく》し合ったのです。

今日《こんにち》まで、友人たちは、インドを源流《げんりゅう》とする、宿命転換《しゅくめいてんかん》、人間革命《かくめい》の哲学《てつがく》を学びながら、互《たが》いに励まし、日々、共《とも》に成長《せいちょう》しゆく菩提樹の園《その》のようなスクラムを築《きず》いてきました。

この友情を育《はぐく》む〝母なる大地〟となっているのが、尊《とうと》き女性の方々です。

私が対談《たいだん》した高名《こうめい》な教育の母・ムカジー博士（ラビンドラ・バーラティ大学元副総長《だいがくもとふくそうちょう》）は語っていました。

――さまざまな悩《なや》みを抱《かか》えながらも、女性は、生命や心や精神の価値《かち》を守《まも》る特質《とくしつ》と、慈愛を備《そな》えています。それが人間性を高《たか》め、永遠の平和へ導《みちび》くのです、と。

善き友と
　善き人生道《じんせいどう》を
　　朗《ほが》らかに
　　　生きがい持《も》ちて
　　　　歌《うた》い舞《ま》いゆけ

一九七九年、ナーランダー仏教《ぶっきょう》遺跡に、青年たちと立った感動《かんどう》も忘《わす》れられません。五世紀から十二世紀、ここに、数千より一万人《まんにん》にもおよぶ諸国《しょこく》の学徒《がくと》が集《つど》い、仏教研究《けんきゅう》の大規《だいき》

サイネリア、サルビア、ダリアなどの花々と共に、友人たちに挨拶を（1992年2月、デリー）

模《ぼ》な学問寺が栄えたのです。世界最古《せかいさいこ》の大学の一《ひと》つとされます。

デリーでは名門《めいもん》のデリー大学とネルー大学、コルカタでは詩聖《しせい》タゴールの生家《せいか》に建《た》てられたラビンドラ・バーラティ大学に伺《うかが》い、教員《きょういん》や学生《がくせい》の皆さんと交流しました。

コルカタ郊外《こうがい》の総合学園《そうごうがくえん》で、中学生《ちゅうがくせい》の授業《じゅぎょう》に一緒に〝出席《しゅっせき》〟した思い出も心に残《のこ》ります。歓迎《かんげい》してくれた中学生の代表《だいひょう》の明快《めいかい》な言葉《ことば》に感嘆《かんたん》しました。

「人間一人《ひとり》一人のなかには完全《かんぜん》なものがあります。その完全なものを呼《よ》び起《お》こすこと、調和《ちょうわ》ある人間をつくることが、教育の目標《もくひょう》です」と。

タゴールも謳《うた》っていました。

「宇宙の法則《ほうそく》は本来《ほんらい》人間の中にも宿《やど》っているのだ。このことを悟る時、はじめて人間は自分の力を信《しん》ずることができる※8」

「人間の最大《さいだい》の力は自分の内《うち》にある※9」

人間の内なる偉大な力を発見《はっけん》し、共々に発揮《はっき》していくことに、インドの探究とロマンの継承《けいしょう》があります。タゴールが創立《そうりつ》したヴィシュヴァ・バーラティ大学（タゴール国際《こくさい》大学）との意義《いぎ》深き教育交流も、誠《まこと》に光栄《こうえい》なことです。

友人たちは、一九九二年の文化祭や独立五十周年《しゅうねん》（九七年）の祝賀《しゅくが》の文化祭で、タゴールが望《のぞ》んだ平和と人間の讃歌《さんか》を歌い、奏《かな》でました。

インド四大舞踊《ぶよう》であるバラタナティヤムやカタックをはじめ、ゴア地方《ちほう》、タミル地方、パンジャブ地方など、各地《かくち》の多彩な伝統《でんとう》舞踊には、人間の生命の美《び》が光っていました。

宇宙の妙《たえ》なるリズムに合わせ、万物《ばんぶつ》に共鳴《きょうめい》しながら、尊き使命《しめい》に生き抜く喜びは、生命の舞《まい》となって表現《ひょうげん》されるのでしょう。

出演《しゅつえん》した可愛《かわい》い子どもたちも立派《りっぱ》に誓っていました。「私は、人が困《こま》っている時に助《たす》けられる力と人格《じんかく》をもった人になります」と。

今《いま》、皆、社会に貢献している近況《きんきょう》を伺《うかが》い、嬉《うれ》しくてなりません。

胸中《きょうちゅう》に
無窮《むきゅう》の宇宙の
力あり
何《なに》も恐れず
愉快《ゆかい》に勝ち抜け

「他者《たしゃ》への心遣《づか》いと慈悲をもって、自分に打ち勝っていくのです」とは、何千万、何億《おく》もの人の命を、飢《う》えから救ってこられた世界的な農学者《のうがくしゃ》スワミナサン博士の信念《しんねん》です。

わが友は、積極果敢《せっきょくかかん》に社会問題《もんだい》に立ち向《む》かい、長年《ながねん》、多くの貢献活動《かつどう》を誠実に続けてきました。サイクロン（インド洋《よう》に発生《はっせい》する強《つよ》い熱帯低気圧《ねったいていきあつ》）や洪水《こうずい》、地震《じしん》など、大災害《だいさいがい》の際《さい》の救援《きゅうえん》活動にも、各界《かっかい》から深い信頼《しんらい》が寄《よ》せられています。

ユネスコ（国連《こくれん》教育科学文化機関《きかん》）が呼びかけた「『戦争と暴力の文化』を『平和と非暴力の文化』に転換すること」を目指《めざ》す署名運動《しょめいうんどう》、世界の少年少女《しょうねんしょうじょ》が描《えが》いた絵画《かいが》の展覧会《てんらんかい》、核兵器廃絶《かくへいきはいぜつ》や環境保全《かんきょうほぜん》を目指す展示《てんじ》の運動、平和セミナー、文化遺産の保全運動、子どもたちへの教科書《きょうかしょ》や文具《ぶんぐ》の支援《しえん》活動にも取《と》り組《く》んできました。

私が信頼するリーダーは、通信会社《つうしんがいしゃ》を担《にな》い、IT《アイティー》（情報技術《じょうほうぎじゅつ》）大国インドの先駆《せんく》を走《はし》ってきました。高度《こうど》情報化社会だからこそ、「一対一の対話」をより大切《たいせつ》にして、各地の友人一人一人と会い、じっくり話《はなし》に耳《みみ》を傾《かたむ》け、皆が「桜梅桃李《おうばいとうり》」の持ち味《あじ》を発揮し活躍《かつやく》していけるように、真心《まごころ》の励ましを重ねています。

「多様性《たようせい》を認《みと》め、一人一人を宝《たから》とする」とは、インド文化国際アカデミー理事長《りじちょう》のロケッシュ・チャンドラ博士が強調《きょうちょう》された生命尊厳《そんげん》の哲学です。

大詩人カーリダーサは詠いました。

「未来《みらい》の門《もん》はいずこにも開きてあるもの」※10

懐《なつ》かしいインド門が立つムンバイは、経済《けいざい》の大発展《だいはってん》をリードし、未来の門を開くコスモポリタン都市《とし》として興隆しています。

二〇〇八年、ムンバイを襲《おそ》った同時多発《どうじたはつ》テロでは多くの方々が犠牲《ぎせい》になりました。

私の妻《つま》の友人は、最愛《さいあい》のご両親《りょうしん》と弟君《おとうとぎみ》を失《うしな》い、自身も四発もの弾丸《だんがん》を受けましたが、「まだ死《し》ねない。私には生きる使命がある」との強靱《きょうじん》な信念をもって、奇跡的《きせきてき》に一命《いちめい》を取《と》り留《と》めました。

徐々《じょじょ》に回復《かいふく》するなか、家族《かぞく》の分《ぶん》も自分が生き抜き、「ムンバイに平和の砦《とりで》を築く」ことが、亡《な》くなった方々への追悼になると決めたのです。この女性の姿《すがた》は、たくさんの人々に勇気を送《おく》っています。

青年たちも「ムンバイから悲惨《ひさん》をなくそう、世界平和の門を開こう」と立ち上がっています。


一九九七年、哲人《てつじん》指導者ナラヤナン大統領《だいとうりょう》との語らいで、私は「二十一世紀は、アメリカ・中国《ちゅうごく》・インドの三国が軸《じく》となって、世界を調和させ、安定《あんてい》と平和の方向《ほうこう》へもっていくべき時代《じだい》である」と申《もう》し上げました。賛同《さんどう》される大統領の笑顔が思い起こされます。

世界トップクラスの人口《じんこう》大国インドは、平均年齢《へいきんねんれい》が二十代半《なか》ばという青年大国であり、人材《じんざい》大国です。

インドの各地で、熟年《じゅくねん》の先輩方《せんぱいがた》が青年の心で、若《わか》い世代《せだい》を応援《おうえん》しています。青年たちも先輩方に学びつつ、「今いる場所《ばしょ》で勝とう」と声を掛《か》け合いながら、前進《ぜんしん》しています。

蓮華《れんげ》のような乙女《おとめ》たち、女子学生《じょしがくせい》たちも爽《さわ》やかな福智《ふくち》のスクラムを広げています。

――自分のことだけ考《かんが》えていたら、限界《げんかい》は破れない。自身の無限《むげん》の可能性《かのうせい》を信じ、人のため、社会のために活動し、自分を変《か》え周囲《しゅうい》も変えていこう！　と。

昨秋《さくしゅう》（二〇一五年）には、日本からの青年文化訪問団が、この素晴《すば》らしい若人《わこうど》たちに熱《ねつ》烈《れつ》な歓迎《かんげい》を受けました。さらにプラナーブ・ムカジー大統領も、青年たちを温《あたた》かく迎《むか》え、

インドの天空の劇のように、2本の大きな虹は、鮮烈に優美に（著者撮影）

激励《げきれい》してくださいました。

　若き世界市民《しみん》が結ぶ友情と平和の虹は、明日の世界の大空《おおぞら》へ大きく広がっています。

　マハトマの精神を受け継がれるガンジー研究評《ひょう》議会《ぎかい》のラダクリシュナン議長《ぎちょう》は、この青年たちに「自らが変革《へんかく》の起点《きてん》になろう」と励ましてくださいました。

　インドの偉大なる魂は、今、伸びゆく生命のなかで新しい光を放《はな》ち始めています。

生き生きと
　あなたも我《われ》も
　　青年と
　挑戦《ちょうせん》　新たに
　　未来を開かむ

引用・参考文献

オランダ

※1　ヨハン・ホイジンガ著『レンブラントの世紀』栗原福也訳、創文社を引用・参照
※2　「ヌエネン」二見史郎訳、『ファン・ゴッホ書簡全集　第四巻』所収、みすず書房
※3　『ファン・ゴッホ書簡全集　第二巻』島本融訳、みすず書房
※4　エラスムス著『平和の訴え』箕輪三郎訳、岩波書店
※5　アンネ・フランク著『アンネの日記　完全版』深町眞理子訳、文藝春秋
※6　『ファン・ゴッホ書簡全集　第一巻』二見史郎訳、みすず書房
※7　スピノザ著『国家論』畠中尚志訳、岩波書店
※8　C・ヴェロニカ・ウェッジウッド著『オラニエ公ウィレム』瀬原義生訳、文理閣

佐賀

※1・2　『長谷川町子全集　別巻　長谷川町子　思い出記念館』朝日新聞社
※3　杉谷昭著『佐賀偉人伝01　鍋島直正』佐賀県立佐賀城本丸歴史館を参照
※4　酒井田柿右衛門（14代）著『遺言　愛しき有田へ』白水社などを参照
※5・6　十四代　酒井田柿右衛門著『余白の美　酒井田柿右衛門』集英社
※7・8　吉川龍子著『日赤の創始者　佐野常民』吉川弘文館。現代表記にあらためた
※9　黒田チカ著「化学の道に生きて」、『婦人之友』（第五十一巻・第四号）所収、婦人之友社。現代表記にあらためた

※10　黒田チカ著「発明工夫は身のまわりから」、『少女倶楽部』（昭和16年7月号）所収、大日本雄弁会講談社。現代表記にあらためた
※11　「父の書斎」、『辰野隆選集　第四巻』所収、改造社。現代表記にあらためた

パナマ

※1　村上圭著「パナマ・サンブラス諸島のモラを訪ねて」、NHK取材班著『NHK世界手芸紀行3　モラ、グアテマラの織物編』所収、日本放送出版協会などを参照
※2　エッカーマン著『ゲーテとの対話（下）』山下肇訳、岩波書店
※3　小林志郎著「大地を開鑿する」、『パナマを知るための55章』所収、明石書店
※4　デーヴィッド・マカルー著『海と海をつなぐ道　パナマ運河建設史（下）』鈴木主税訳、フジ出版社

オーストリア

※1　フランツ・エンドラー著『ヨハン・シュトラウス』喜多尾道冬・新井裕訳、音楽之友社を引用・参照
※2　パウル・クリストフ編『マリー・アントワネットとマリア・テレジア　秘密の往復書簡』藤川芳朗訳、岩波書店
※3・4　『ツヴァイク全集21　時代と世界』猿田悳訳、みすず書房
※5　『クーデンホーフ・カレルギー全集5』鹿島守之助訳、鹿島研究所出版会
※6・7　フェリックス・ウンガー／池田大作著『人間主義の旗を――寛容・慈悲・対話』東洋哲学研究所
※8　小松雄一郎編訳『新編　ベートーヴェンの手紙（上）』岩波書店
※9　江村洋著『ハプスブルク家』講談社
※10　DVD『サウンド・オブ・ミュージック　ファミリー・バージョン』作詞＝オスカー・ハマースタインⅡ、日本語字幕＝森みさ、20世紀フォックスホームエンターテイメントジャパン発売

※11　マリア・フォン・トラップ著『サウンド・オブ・ミュージック』谷口由美子訳、文溪堂
※12　前掲DVD『サウンド・オブ・ミュージック　ファミリー・バージョン』

群馬

※1　『萩原朔太郎全集　第八巻』筑摩書房。現代表記にあらためた
※2　『内村鑑三著作集　第八巻』岩波書店。現代表記にあらためた
※3　同志社編『新島襄　教育宗教論集』岩波書店
※4　『村の歴史シリーズ第四集　郷土の偉人　船津伝次平』富士見村教育委員会
※5　丸島和洋著『真田信繁の書状を読む』星海社
※6　黒田基樹著『シリーズ・実像に迫る001　真田信繁』戎光祥出版

ニューヨーク

※1　エリノア・ルーズベルト著『生きる姿勢について』佐藤佐智子・伊藤ゆり子訳、大和書房
※2　ウォールト・ホイットマン著『民主主義の展望』佐渡谷重信訳、講談社などを参照
※3　ホイットマン著『草の葉（中）』鍋島能弘・酒本雅之訳、岩波書店
※4　ジョン・デュウイー著『誰れでもの信仰』岸本英夫訳、春秋社。現代表記にあらためた
※5　メニューイン著『音楽　人間　文明』和田旦訳、白水社

兵庫

※1　「用明天王職人鑑」鳥越文蔵校注・訳、『近松門左衛門集3　新編日本古典文学全集76』所収、小学館
※2　「宝塚グランド・ロマン『風と共に去りぬ』明日になれば」植田紳爾作詞
（JASRAC　出2305360－301）、

※3　『宝塚歌劇主題歌集　タカラヅカ　ソング　ギャラリーⅡ』所収、宝塚クリエイティブアーツ
※4・5・6　『源氏物語　四　日本古典文学全集15』阿部秋生／秋山虔／今井源衛校注・訳、小学館
※7　東山魁夷著『美と遍歴』芸術新聞社
※8　柳田国男著『青年と学問』岩波書店を参照
※9　柳田國男著『故郷七十年』講談社
※10・11　『吉川英治歴史時代文庫69　私本太平記㈦』講談社
※12　『三木清全集　第十四巻　評論Ⅱ』岩波書店を引用・参照。現代表記にあらためた
※13　植村直己著『男にとって冒険とは何か』潮出版社
『定本　宮城道雄全集　下巻』宮城道雄全集刊行委員会編集制作、東京美術

インド

※1　上村勝彦著『インドの詩人』春秋社
※2　「運命との約束の日」黒田和雄訳、成瀬恭編『ネール首相名演説集』所収、原書房
※3・4　『ネール　自由と平和への道』井上信一訳、社会思想研究会出版部。現代表記にあらためた
※5　『ブッダのことば』中村元訳、岩波書店
※6　「さまざまな苦行——倮形梵志経」渡辺研二訳、
中村元監修、森祖道・浪花宣明編集『原始仏典第1巻　長部経典Ⅰ』所収、春秋社
※7　『中村元選集〔決定版〕第6巻　インド史Ⅱ』春秋社
※8　「人類の一体性と教育」馬場俊彦訳、『タゴール著作集　第九巻　文学・芸術・教育論集』所収、第三文明社
※9　「真理の呼び声」蛯原徳夫訳、『タゴール著作集　第八巻　人生論・社会論集』所収、第三文明社
※10　カーリダーサ著「シャクンタラー」田中於菟弥訳、『世界文学大系4　インド集』所収、筑摩書房

池田大作　いけだ・だいさく

創価学会名誉会長。創価学会インタナショナル(SGI)会長。
1928年、東京生まれ。創価大学、アメリカ創価大学、創価学園、
民主音楽協会、東京富士美術館、東洋哲学研究所、
戸田記念国際平和研究所、池田国際対話センターなどを創立。
「国連平和賞」を受賞。世界の大学・学術機関から400を超える名誉学術称号を受ける。
『人間革命』(全12巻)、『新・人間革命』(全30巻)、
エッセー集『ハッピーロード』をはじめ著書多数。
『二十一世紀への対話』(A・J・トインビー)、
『二十世紀の精神の教訓』(M・S・ゴルバチョフ)、
『母への讃歌 詩心と女性の時代を語る』(サーラ・ワイダー)等、対談集も多い。

本書は、月刊誌『パンプキン』に掲載された「忘れ得ぬ旅　太陽の心で」
(2015年8月・12月号、2016年2月・3月・4月・6月号、2017年1月号、2018年1月号)を
再構成し、収録したものです。
肩書等は、掲載時のままとしました。

忘れ得ぬ旅
太陽の心で　第7巻

2023年11月18日　初版発行

著者	池田 大作
発行者	南 晋三
発行所	株式会社　潮出版社
	〒102-8110
	東京都千代田区一番町6　一番町SQUARE
電話	03-3230-0781(編集)
	03-3230-0741(営業)
振替口座	00150-5-61090
印刷・製本	TOPPAN株式会社

ISBN978-4-267-02357-6 C0095

http://www.usio.co.jp/